精益5S管理

时佰彪 / 编著

现场管理与实践

内容简介

5S 管理法，是现代生产企业常用的管理方法之一。5S 包括整理（Seiri）、整顿（Seiton）、清扫（Seiso）、清洁（Seiketsu）、素养（Shitsuke）5 个工作项目。

本书根据作者的实际管理经验和咨询培训经验编写，为企业提供现场 5S 改善项目的管理流程，通过展示丰富的案例现场改善效果图，帮助读者掌握对自己的工作场所进行 5S 改善的技能。

本书共 8 章内容，第 1 章"目的与内容"，全面解析 5S 核心理念；第 2 章"立项启动"，分析 5S 管理失败的根源；第 3 章"标杆打造"，见证焕然一新的 5S 现场；第 4 章"案例改善"，展示丰富的实践案例；第 5 章"标准管理"，建立易于员工理解与执行的 5S 管理标准；第 6 章"全面落地"，助力高质量完成 5S 改善工作；第 7 章"巩固维持"，让保持 5S 亮点像呼吸一样简单；第 8 章"持续改善"，建立 5S 现场持续改善机制。

本书实战性极强，适合现代生产企业的生产管理者、专业的精益生产管理者、现场 5S 管理咨询顾问，以及对 5S 管理感兴趣的读者阅读。

图书在版编目 (CIP) 数据

精益 5S 管理：现场管理与实践 / 时佰彪编著 .

北京：北京大学出版社，2024.11. -- ISBN 978-7-301-35606-7

I. F406.2

中国国家版本馆 CIP 数据核字第 2024AQ5229 号

书　　　名	精益5S管理：现场管理与实践
	JINGYI 5S GUANLI：XIANCHANG GUANLI YU SHIJIAN
著作责任者	时佰彪　编著
责 任 编 辑	滕柏文
标 准 书 号	ISBN 978-7-301-35606-7
出 版 发 行	北京大学出版社
地　　　址	北京市海淀区成府路205号　100871
网　　　址	http://www.pup.cn　　新浪微博：@北京大学出版社
电 子 邮 箱	编辑部 pup7@pup.cn　总编室 zpup@pup.cn
电　　　话	邮购部 010-62752015　发行部 010-62750672　编辑部 010-62570390
印 　刷 　者	北京宏伟双华印刷有限公司
经 销 者	新华书店
	787毫米×1092毫米　16开本　16.25印张　265千字
	2024年11月第1版　2024年11月第1次印刷
印　　　数	1-4000册
定　　　价	69.00 元

未经许可，不得以任何方式复制或抄袭本书之部分或全部内容。

版权所有，侵权必究

举报电话：010-62752304　电子邮箱：fd@pup.cn

图书如有印装质量问题，请与出版部联系，电话：010-62756370

推荐序一

文◎杨洲（致远集团董事长、国际卓越运营协会理事长）

在瞬息万变的商业环境中，企业时刻面对着日益复杂的挑战和日益激烈的竞争。要在这种环境中脱颖而出，企业必须不断创新，提高运营效率、降低运营成本，并优化产品质量。在这样的背景下，作为一种高效且实践证明有效的企业管理方法，5S 管理已成为全球企业管理者的必修课。本书是为那些在管理实践中寻求突破、希望在竞争中稳固地位的企业领导者量身打造的工作指南。

本书系统阐述了 5S 管理的核心价值，并从消除浪费、提高效率、增强品质控制、优化工作环境、提升员工素养等方面入手，展示了 5S 管理对企业的深远影响。本书不仅详细拆解了 5S 管理的五大核心要素，还结合实施策略与技巧，为企业提供了推行 5S 管理的实用方法。值得关注的是，本书特别强调了企业领导者在推行 5S 管理中的关键作用，展示了企业领导者如何通过发挥示范作用、进行积极引导，激发员工的参与热情，进而构建全员参与的持续改善文化。

本书剖析了不同场景中的 5S 管理与改善案例，如办公室、检测室、仓库、模具房，展示了 5S 管理的广泛适用性，并提供了具体的操作工具和方法。为进一步提高员工的参与度、激发员工的创造力，本书详细介绍了持续改善费用的分配与激励机制的设计，如设立现场改善奖励和问题解决奖励，帮助企业管理者构建积极向上、持续改进的企业文化。

更重要的是，本书特别注重里程碑计划的制订与执行，倡导以月为周期进行精细化管理，确保每一步都扎实，高效控制项目进度，规避延期风险。与此同时，本书在标准建立、全面开展、巩固维持、持续改善等方面提供了详尽的流程指导，能够帮助企业建立健全管理机制，确保 5S 管理长久推行并持续升级。

5S 管理不仅是管理工具，还是文化和哲学的体现。5S 管理倡导从细微之处着手，不断追求完美，鼓励每一位员工成为改善主体。本书作者时佰彪老师，凭借丰富的咨询经验和实践经验，将这些宝贵知识无保留地转化为文字，为读者全方位地展示了推行 5S 管理的方法。阅读本书，不仅是一次对管理技术的学习，还是一次对企业文化与个人成长的深刻思考。期望每位读者都能将精益 5S 管理的理念融入血脉，共同推动企业向着高效、高质、可持续的方向发展。

推荐序二

黄伟（资深精益管理咨询顾问，复旦大学、上海交通大学、同济大学特聘客座教授）

我经常用一个歌名来形容5S管理，那就是《最熟悉的陌生人》，因为5S管理对我们来说是既熟悉又陌生的。熟悉的是"5S"这个名字，现代企业家、管理者多少听说过、尝试做过；陌生的是"5S管理"的本质、内核，这导致推行者很容易推着推着就推歪了。

有不少人觉得5S管理与打扫卫生、保持工作环境整洁差不多，通常是在有重要客户来访或者面临行业审计、检查的时候，领导一声令下，全体员工紧急收拾工作区：该藏的藏、该收的收。等客户来访结束，审计、检查等活动过去后，一切如故，像什么也没发生一样。

面对企业内部的5S检查，几人欢乐几人愁——检查的人拿着检查表，一边指点江山一边扣分；被检查的人满头大汗，唯唯诺诺，盼着检查赶紧结束。

时佰彪老师说他想写一本关于5S管理的书的时候，我们正好在一起给石药集团做IE标准化主题的咨询项目。我对时老师说："市面上，与5S管理有关的书已经很多了，如果你写的书不能真正有效地指导工作现场的人做5S管理、改善，那么基本上没人会看。我认为，这本书应该以实施、落地为突破口，将5S管理实施、落地的内核写出来，写到一线主管班组长和基层员工的心里去。"

慢工出细活，历经多次沟通、修改，我很欣慰地看到时老师按照自己的初心写完了这本书。在某种程度上，这本书可以用作推行5S管理的指导书。我一直强调工匠精神和匠心文化，时老师用工匠精神完成的这本书，一定会成为一本不仅好看，并且好用的书！

前言

市场就在现场,现场就是市场!5S 管理做得好的企业,不一定是世界五百强企业,但世界五百强企业的现场 5S 管理,一定是行业标杆!

市场竞争越来越激烈,客户对企业的要求越来越高——交期、质量、价格等,都越来越多地被关注着,甚至会有一些客户要求对供应商进行"验厂"!如果供应商的工厂现场脏、乱、差,如何让客户相信他们的订单能按时交付、他们所订产品的质量是过关的?退一步说,现场脏、乱、差的工厂,如何留住优秀的员工和管理人才,又如何保障员工的作业安全和生产效率呢?

如今,越来越多的企业认识到 5S 管理的重要性,准备推行或正在推行 5S 管理,但是,大部分企业没有专业的 5S 管理人才给予指导,且缺乏项目管理经验,不知道应该如何推行 5S 管理。

买了很多书籍、课程,学习了很多与 5S 管理有关的理论知识,但是做现场 5S 改善时依然没有解决实际问题的能力,怎么办?

针对以上问题,我总结了企业推进 5S 管理项目过程中经常遇到的问题和对应的管理经验,撰写了这本能够指导企业系统推行 5S 管理的实践型书籍。

本书系统介绍了企业推行 5S 管理的高效路径——立项启动、标杆打造、标准管理、全面落地、巩固维持、持续改善,并从操作层面入手,介绍了现场 5S 管理的具体方法——改善步骤、参考标准、案例解析、行业痛点等;从改善层面入手,介绍了现场 5S 改善的逻辑思路——消除浪费、全员改善、积分管理等。

5S 管理是一种以人为中心的科学管理方法,只有站在为员工解决问题的角度推行 5S 管理,才能真正做到全员参与,共同打造安全、舒适、高效的作业现场,让员工满足、客户满意、企业受益。

资源获取

为了便于大家理解与接受书中知识,本书作者特制作配套指导视频,大家可扫描下方的二维码,关注编辑部的微信公众号"博雅读书社",输入本书77页的资源提取码,下载相关资源。

博雅读书社

如果大家读过本书后有启发、想法、建议,欢迎直接与作者联系、沟通,作者时佰彪的微信号为"love520la0118"。

开卷有益,希望通过阅读本书,大家都能获得成长与进阶!

目 录

第 1 章 目的与内容

1.1 企业为什么要推行 5S 管理 002

1.1.1 面对以下 4 种情形,企业需要推行 5S 管理 / 002
1.1.2 5S 管理到底应该由谁推行 / 002
1.1.3 生产越忙,5S 管理的作用越大 / 003
1.1.4 成功推行 5S 管理的六大步骤 / 004

1.2 5S 管理的五大核心作用 006

1.2.1 提高生产效率 / 006
1.2.2 减少浪费,降低成本 / 007
1.2.3 提升产品品质 / 008
1.2.4 改善工作环境,保障作业安全 / 009
1.2.5 提高企业竞争力 / 009

1.3 正确认识 5 个"S"并了解高效改善步骤 010

1.3.1 整理:要与不要,节省空间 / 010
1.3.2 整顿:一目了然,取用快捷 / 013
1.3.3 清扫:全面点检,清除问题 / 017
1.3.4 清洁:标准制定,贯彻到底 / 019
1.3.5 素养:以人为本,养成习惯 / 021

第 2 章 立项启动

2.1 梳理物料清单,合理控制成本 024

2.1.1 项目启动会物料清单及图示 / 024

2.1.2　物品定位物料清单及图示 / 025

2.1.3　划线物料清单及图示 / 027

2.1.4　物品标识物料清单及图示 / 028

2.1.5　目视化改善物料清单及图示 / 029

2.1.6　持续改善费用类别及参考实例 / 031

2.2　制订里程碑计划，避免项目延期　033

2.2.1　里程碑计划的关键作用 / 033

2.2.2　六步，轻松制订里程碑计划 / 033

2.2.3　5S 管理项目的里程碑计划实例 / 035

2.3　明确责、权、利，制定管理制度　037

2.3.1　封面内容及范例 / 037

2.3.2　正文编写方法及范例之一：目的、适用范围和定义 / 040

2.3.3　正文编写方法及范例之二：组织架构和职责 / 041

2.3.4　正文编写方法及范例之三：工作要求、考核和文件表格 / 043

2.4　讲清关键点，消除抵触心理　047

2.4.1　说明脏、乱、差的现场的弊端，引发员工共鸣 / 047

2.4.2　描绘改善后的现场的优点，激发员工期待 / 049

2.4.3　解释说明"5S"的含义和改善路径，达成基本共识 / 051

2.4.4　打造 5S 改善样板区，消除错误认知 / 052

2.4.5　阐述企业推行 5S 管理的决心，增强员工的信心 / 052

2.5　召开项目启动会，营造良好氛围　053

2.5.1　会议流程 / 053

2.5.2　会前准备事项 / 053

2.5.3　会中注意事项 / 054

第 3 章　标杆打造

3.1　制订改善周计划，高质量完成样板区改善　057

3.1.1 第一天：准备启动 / 057

3.1.2 第二天：整理改善 / 059

3.1.3 第三天：整顿改善 / 060

3.1.4 第四天：整顿改善 / 060

3.1.5 第五天：验收表彰 / 062

3.2 明确判断标准，快速区分"要与不要" 063

3.2.1 逐个拿取，初步判断"要与不要" / 064

3.2.2 彻底清扫，让工作环境焕然一新 / 065

3.2.3 制定标准，完成物品分类摆放 / 065

3.2.4 明确需求，梳理必要品清单 / 066

3.2.5 处理"不要物"，杜绝浪费 / 066

3.3 优化布局，让工作现场井然有序 068

3.3.1 布局评估维度及生产车间布局方式 / 068

3.3.2 生产车间布局原则 / 069

3.3.3 工位布局原则及案例 / 069

3.4 "三定"管理，规范现场秩序，提高工作效率 072

3.4.1 定点 / 072

3.4.2 定容 / 075

3.4.3 定量 / 076

3.4.4 标识管理及改善案例 / 077

3.5 现场 5S 改善要点及案例 081

3.5.1 机加工现场 5S 改善要点及案例 / 081

3.5.2 钣金加工现场 5S 改善要点及案例 / 083

3.5.3 装配现场 5S 改善要点及案例 / 086

3.5.4 注塑现场 5S 改善要点及案例 / 090

3.5.5 食品医药行业现场 5S 改善要点及案例 / 093

3.5.6 石油化工行业现场 5S 改善要点及案例 / 095

第4章 案例改善

4.1 办公室现场 5S 改善要点与案例 099
4.1.1 办公室的整理改善步骤及案例 / 099
4.1.2 办公室的常见布局与布局原则 / 100
4.1.3 办公室的布局改善案例 / 101
4.1.4 办公室物品的定位管理及改善案例 / 102
4.1.5 办公室物品的标识方法及标识制作标准 / 104

4.2 检测室现场 5S 改善要点与案例 107
4.2.1 检测室的整理改善步骤 / 107
4.2.2 检测室物品的定位管理及改善案例 / 107
4.2.3 检测室物品的存储容器设计要点及改善案例 / 109
4.2.4 检测室物品的标识方法及改善案例 / 110

4.3 仓库现场 5S 改善要点与案例 111
4.3.1 仓库的布局方法与布局原则 / 111
4.3.2 仓库的布局改善案例 / 112
4.3.3 仓库的整理改善案例 / 113
4.3.4 仓库的整顿改善案例 / 114
4.3.5 仓库必备的标识及标识改善案例 / 116

4.4 模具房现场 5S 改善要点与案例 119
4.4.1 模具房的布局方法与布局原则 / 119
4.4.2 模具房的布局改善案例 / 120
4.4.3 模具房各区域的改善要点及改善案例 / 121

第5章 标准管理

5.1 全面的现场 5S 改善标准 126
5.1.1 梳理现场 5S 改善内容 / 126

- 5.1.2 编制现场 5S 改善标准呈现模板 / 128
- 5.1.3 明确现场 5S 改善标准编写要求 / 129
- 5.1.4 办公区通用的 24 项改善标准 / 129
- 5.1.5 生产区通用的 27 项改善标准 / 136

5.2 图文并茂的现场 5S 维持标准 144

- 5.2.1 明确现场 5S 维持相关事项并梳理标准统计表 / 144
- 5.2.2 编制现场 5S 维持标准呈现模板 / 145
- 5.2.3 现场 5S 维持标准制定案例 / 146

5.3 宽猛相济的现场 5S 检查标准 151

- 5.3.1 制定现场 5S 检查标准 / 151
- 5.3.2 办公区的现场 5S 检查标准 / 152
- 5.3.3 生产区的现场 5S 检查标准 / 154

5.4 清晰明了的目视化管理标准 158

- 5.4.1 目视化管理标准的制定原则 / 159
- 5.4.2 目视化管理的载体 / 161
- 5.4.3 厂区目视化管理 / 164
- 5.4.4 物品及设备目视化管理 / 166
- 5.4.5 品质及安全目视化管理 / 168
- 5.4.6 作业及人员目视化管理 / 170
- 5.4.7 数据目视化管理 / 171

第 6 章 全面落地

6.1 整体推进，全面把握改善进度 173

- 6.1.1 明确目标 / 173
- 6.1.2 建立指标 / 173
- 6.1.3 制定策略 / 174
- 6.1.4 拆解任务 / 175

6.2 推进过程中的典型问题及解决方法　`177`

    6.2.1　影响改善进度的问题及解决方法 / 177

    6.2.2　影响整理改善效果的问题及解决方法 / 177

    6.2.3　影响整顿改善效果的问题及解决方法 / 178

    6.2.4　影响目视化改善效果的问题及解决方法 / 180

6.3 聚焦难点问题，清除改善障碍　`182`

    6.3.1　项目进展情况及目标达成情况 / 182

    6.3.2　改善亮点展示及改善问题点说明 / 183

    6.3.3　风险评估情况及下一阶段的重点工作内容 / 184

    6.3.4　各部门改善进度、成果、问题及下一阶段的推进计划 / 184

    6.3.5　协调解决问题 / 185

第 7 章　巩固维持

7.1 红牌作战，及时暴露并快速解决现场问题　`187`

    7.1.1　红牌作战活动的准备工作 / 187

    7.1.2　红牌作战活动的详细步骤 / 189

    7.1.3　红牌作战活动的整改环节 / 192

7.2 消除污染源，打造没有污染的工作现场　`194`

    7.2.1　固体类污染源改善方法与案例 / 195

    7.2.2　油类污染源改善方法与案例 / 196

    7.2.3　液体类污染源改善方法 / 197

    7.2.4　气体类污染源改善方法 / 198

7.3 针对工作难点，解决清扫与点检难题　`200`

    7.3.1　清扫改善方法与案例 / 200

    7.3.2　点检改善方法与案例 / 203

7.4 组织评比活动，鼓励良性竞争　`207`

7.4.1 明确评比单位与评分标准 / 208
7.4.2 明确奖惩标准与评比细节 / 210
7.4.3 现场问题的统计、整改及总结 / 212

第 8 章 持续改善

8.1 识别与改善七大浪费 215

8.1.1 过量生产浪费识别与改善 / 215
8.1.2 库存浪费识别与改善 / 219
8.1.3 等待浪费识别与改善 / 221
8.1.4 搬运浪费识别与改善 / 222
8.1.5 动作浪费识别与改善 / 224
8.1.6 过度加工浪费识别与改善 / 226
8.1.7 不良生产浪费识别与改善 / 227

8.2 Kaizen，打造"持续改善"企业文化 229

8.2.1 Kaizen——精益企业必不可少的企业文化 / 229
8.2.2 Kaizen 的本质——先用脑袋，再用钱袋 / 230
8.2.3 Kaizen 的实践——提案改善 / 231

8.3 一页纸培训，高效提升员工素养 236

8.3.1 一页纸培训的基本情况 / 236
8.3.2 一页纸培训的教材编写及审核 / 237
8.3.3 一页纸培训的时机与方式 / 239

8.4 积分管理，持续激发员工参与现场管理的热情 240

8.4.1 积分的结构、规则及奖励方式 / 240
8.4.2 现场 5S 维持的积分点 / 241
8.4.3 现场 5S 评比的积分点 / 242
8.4.4 问题改善率及提案改善的积分点 / 243

第1章

CHAPTER

目的与内容

全面解析 5S 管理与改善路径

5S 管理是系统化、标准化、以员工为中心的管理方法,起源于日本,通过在生产现场对人员、机器、材料等生产要素进行有效管理,减少浪费、提高生产效率、改善工作环境、保障产品质量。

1.1 企业为什么要推行 5S 管理

推行 5S 管理可以提高企业的市场竞争力，但是，有些企业是吃到了苦头才开始重视 5S 管理的。推行 5S 管理能够为员工提供安全、舒适、高效的作业现场，但是，大多数员工认为 5S 管理是企业的事情，不愿意配合 5S 管理与改善。

1.1.1 面对以下 4 种情形，企业需要推行 5S 管理

情形一：工厂环境脏、乱、差，员工平均年龄四五十岁，招人、留人成为企业难题。

情形二：现场管理水平低，客户参观、验厂常不满意，因此失去了很多优质客户。

情形三：现场标准化程度低，智能制造与数字化转型在落地时遇到阻碍。

情形四：企业属于行业头部企业，但是现场管理水平名不副实，亟待提升。

1.1.2 5S 管理到底应该由谁推行

如果不推行 5S 管理，谁是直接受害者？如果推行 5S 管理，谁是直接受益者？**利益相关者应该主动推行 5S 管理。**

①电线随意拉扯、插座随意放置，谁会面临触电伤亡的风险？

②设备漏油严重导致地面湿滑，谁会面临滑倒跌伤的风险？

③物料摆放不规则、叉车随意穿梭在工作现场，谁会面临被撞受伤的风险？

这些安全事故一旦发生，最直接的受害者是一线员工。现场灰尘多、油污重，每天灰头土脸的也是一线员工。因此，一线员工应该配合推行 5S 管理。

虽然安全隐患和工作环境脏、乱、差的直接受害者是员工，但是，企业也会面临工伤保险赔偿、员工流失、订单丢失等风险。因此，企业必须投入资源推行

5S 管理。

1.1.3 生产越忙,5S 管理的作用越大

有些企业订单很多,担心推行 5S 管理会影响生产进度;有些企业的员工是拿计件工资的,员工担心参与 5S 管理会影响产量及工资。

在工作现场,如果工具、文件、物料等物品摆放得乱七八糟,员工需要用很多时间去寻找需要的物品;如果设备得不到日常清洁、维护,经常出故障,员工就需要浪费时间等待设备维修;如果安全隐患持续存在,员工需要为了避免意外的发生放慢工作节奏,导致时间的利用率下降……

这些时间的浪费频次虽然高,但是单次花费的时间少,是最容易被人忽视的,甚至有人认为花费时间寻找物品是正常的工作内容,根本不会想到推行 5S 管理可以有效地消除安全隐患、提高设备的稳定性、规范物品的管理,进而提高整体生产效率。

推行 5S 管理最直接的受益者是一线员工,员工有更多的时间用于生产,获得更多的计件工资;间接的受益者是企业,企业能够因为瓶颈工序生产效率的提升获得更多的收益,但要注意,谨防因为非瓶颈工序生产效率的提升导致过量生产,造成浪费。

生产越忙,越要推行 5S 管理;生产不忙,5S 管理的作用反而不明显。作为 5S 管理的直接受益者,一线员工应该积极主动地参与 5S 管理。

虽然越来越多的企业开始重视 5S 管理,但很多时候,它们只是治标不治本。没有用一个系统的方法来引导,这样的改善效果大多是短暂的,很难长久。

比如,有些企业的工厂环境脏、乱、差,要求员工每天加班打扫卫生,却没有支付相应的加班费,也没有从源头入手解决环境污染的问题——如果有油污,应该解决设备漏油问题;如果有灰尘、粉末,应该考虑增设除尘设备。

又如,有些企业在接到客户参观通知时,匆忙组织员工打扫卫生,把杂乱的东西藏起来,花费大量的时间,而客户参观结束后,员工又得花费大量的时间找回藏起来的东西。如果企业的周转车停放的位置离工位较远,员工频繁搬运物品

时，工作强度极大。

再如，有些企业认为购入自动化设备替代人工，现场管理会变得容易，但实际上，现场高度标准化是使用自动化设备进行智能制造的前提条件。举个例子，使用自动引导搬运车（AGV）需要规划物流通道、进行物料管理、输入配送信息；使用机械手臂需要动作标准化管理、工具和物料规范管理等。

很多员工认为 5S 管理就是卫生管理，是形式主义至上的管理；一些企业认为 5S 管理只能在闲时推行，一忙起来就无法兼顾；一些管理者认为 5S 管理是几十年前日本的管理方法，现在已经过时，不适用于国内企业；更有甚者，认为推行 5S 管理意味着企业离倒闭不远了……这都是对 5S 管理的错误理解。

如果员工不理解、不认同、不支持，5S 管理是很难取得成功的，即使初期有一些成效，随着时间推移，也会逐渐回到改善前的混乱状态。

1.1.4 成功推行 5S 管理的六大步骤

5S 管理是一套系统的管理方法，而不是一个简单的管理工具。笔者在辅导企业推进 5S 管理项目的过程中，总结出了一套高效改善路径和管理体系，能帮助企业在 3～6 个月的时间内高质量地完成现场 5S 改善工作。

①立项启动：成立 5S 管理项目组，召开项目启动会，获得全员的认可和支持。

②标杆打造：让领导在一周内看到改善成果，让员工感受到 5S 管理的好处。

③标准管理：制定改善标准、维持标准和检查标准，让样板区按照标准进行改善和维持。

④全面落地：全员按照样板区的改善内容和相关标准同步推行 5S 改善。

⑤巩固维持：维持 5S 改善成果，避免问题反复出现。

⑥持续改善：通过全员参与，持续提高 5S 管理水平。

企业需要指定精益专员，提供专业的管理和技术支持，包括项目管理、改善培训、过程指导等。5S 管理是一线管理者的必修课，班组长必须全程参与学习，以便手把手地教授员工现场 5S 改善的方法。一线员工作为 5S 管理的直接受益者，要积极主动地用班组长教授的方法，按要求完成整理、整顿、清扫、清洁等工作。

只有思想统一、行动一致、方法可靠，才能成功地打造安全、舒适、高效的作业现场。

1.2 5S 管理的五大核心作用

推行 5S 管理，能够提高生产效率；减少浪费，降低成本；提升产品品质；改善工作环境，保障作业安全；提高企业竞争力。

1.2.1 提高生产效率

5S 管理应落地为 5S 改善，通过 5S 改善，让工作场所更加整洁、物品摆放更加整齐有序，让员工可以更快速地找到需要的工具、工装、文件等，减少寻找和等待的时间，提高生产效率。5S 管理可以让工作流程、设备状态、库存水平等更加清晰可见，提高现场可视化程度，让员工和管理者能够更快地做出决策，提高决策效率。

改善前，线边物料架上的物料摆放杂乱，没有秩序，还有一些与工作无关的杂物堆放在物料架上，员工寻找需要的物料会浪费很多时间。5S 改善，即对线边物料架进行整理，只留下工作需要的物料，并对物料进行分类、定位与标识管理。改善后，员工能够快速拿取需要的物料，提高工作效率。线边物料架 5S 改善案例如图 1-1 和图 1-2 所示。

图 1-1

图 1-2

改善前，工具随意混放在物料盒中，员工需要花费很多时间去寻找需要的工具。

有时，由于不清楚目标物料盒中工具的具体类别和型号，可能翻遍物料盒也找不到需要的工具，必须继续浪费时间去其他地方寻找。工具存储5S改善前的状态如图1-3所示。

改善后，根据工作需要，将工具备齐，按照工具的类别和型号分门别类地摆放在工具架的不同层，做好形迹定位和标识管理，便于员工快速找到需要的工具，并要求员工使用工具后及时归位，以便有工具丢失时能够第一时间发现并处理，避免因未及时补充工具而耽误生产进度。工具存储5S改善后的状态如图1-4所示。

图 1-3

图 1-4

1.2.2 减少浪费，降低成本

5S管理能够帮助识别并减少生产过程中的各种浪费。例如，减少动作、搬运、等待等时间和空间方面的浪费，降低生产成本，提高企业的利润率。

改善前，生产过程断点多，各工序无协同规划，导致员工需要频繁存取与搬运物料，与此同时，生产周期长，在制品库存多，占用很多场地，批量生产时还可能导致品控不达标等问题出现。5S改善，即通过分析生产工艺流程与作业时间，合理规划生产线布局，实现单件流生产。改善后，减少工序间在制品的库存时间，减少空间占用；及时发现产品的生产问题，避免批量不良；物料、工具、工装等物品都在员工伸手可取的位置，减少物料搬运次数和动作浪费。生产线5S改善案例如图1-5和图1-6所示。

图 1-5

图 1-6

1.2.3 提升产品品质

在有序的工作环境中,员工更容易遵循标准操作流程,降低犯错误和生产次品的概率。5S 管理有助于快速识别和修正生产中的问题,提升产品品质。

按照作业流程规划工位,将物料、工装、工具等物品按照作业内容和位置摆放整齐并张贴标识,有助于员工快速识别、拿取需要的物品,提高作业效率,同时避免因错拿、漏拿物料导致产品错装、漏装等问题的出现。标准化 5S 工位布置改善案例如图 1-7 所示。

图 1-7

1.2.4 改善工作环境,保障作业安全

勤做清扫和清洁有助于保持工作场所的整洁、有序,不仅能让员工感到更加舒适和满意,还有助于减少灰尘、污垢、杂物引起的健康和安全问题。

改善前,现场物品摆放杂乱,地面油污多,员工在作业过程中面临磕绊滑倒等安全风险;现场卫生脏、乱、差,员工的衣服每天都会沾满油污。模具车间 5S 改善前的状态如图 1-8 所示。

改善后,地面有地坪漆,且根据功能区重新调整了布局,物品分类摆放整齐,现场井然有序,有利于安全生产。模具车间 5S 改善后的状态如图 1-9 所示。

图 1-8

图 1-9

1.2.5 提高企业竞争力

以员工为中心推行 5S 管理,让员工感受到 5S 管理的好处和作用,员工才会积极参与现场 5S 改善,逐渐养成自律、负责、持续改进的工作习惯,帮助企业降低成本、提高生产效率、提升产品品质,让企业在市场上有更强的竞争力。

1.3 正确认识5个"S"并了解高效改善步骤

5S包括整理（Seiri）、整顿（Seiton）、清扫（Seiso）、清洁（Seiketsu）和素养（Shitsuke）5个工作项目，因为在日语单词的罗马音写法中均以"S"开头，所以简称"5S"。

1.3.1 整理：要与不要，节省空间

若现场物品摆放杂乱，工作需要的、不需要的物品都堆放在一起，不仅会占用大量空间，还会导致员工需要某件物品时必须浪费大量时间去寻找，而好不容易找到的物品可能已经损坏或者数量不足。物品摆放杂乱的状态如图1-10至图1-13所示。

图1-10　　　图1-11

图1-12

图1-13

物品摆放杂乱，不仅会浪费有限的空间和寻找时间，还会对工作效率和员工心理健康产生负面影响。员工需要对工作现场的物品进行整理，释放空间，提高工作效率。

整理，即对工作现场的物品区分要与不要，工作需要的留下来，不需要的清理走。整理时，应根据物品使用频率的高低决定放置的位置，使用频率越高，距离员工越近，合理利用空间。

比如，每天都要用的物品放在员工身旁的工作台上，几天用一次的物品放在集中工作区域的物品柜中，几个月才用到一次的物品集中存放在车间仓库里。这

样,能让空间得到合理的利用,减少寻找物品的时间,提高工作效率。

▽ 1. 货架物品整理改善案例分析

改善前,玻璃器皿、化学试剂随意摆放在货架上,各类型物品混放,不利于查找和先进先出管理。改善后,根据物品的领用频率分类摆放,领用频率高的放在中间两层,领用频率低的放在最下层或最上层,提高领用效率。化验室货架物品整理改善案例如图 1-14 至图 1-17 所示。

图 1-14

图 1-15

图 1-16

图 1-17

▽ 2. 维修间物品整理改善案例分析

改善前,维修间脏、乱、差,物品摆放杂乱,空间利用率低,寻找物品用时长。改善后,垃圾、杂物均被丢弃,只留下工作需要的物品,提高了空间利用率与工作效率。维修间物品整理改善案例如图 1-18 至图 1-20 所示。

图 1-18

图 1-19

图 1-20

▽ 3. 车间物料、工具等物品整理改善案例分析

改善前,车间物料、工具等物品随意摆放,作业环境脏、乱、差,员工的动作浪费多、工作效率低。车间整理改善前的状态如图 1-21 至图 1-23 所示。

图 1-21　　　　　　　图 1-22　　　　　　　图 1-23

改善后，地面有地坪漆，工作环境干净、整洁，物品根据使用频率摆放在合适的位置，方便员工拿取，减少搬运、寻找等动作浪费。车间整理改善后的状态如图 1-24 至图 1-26 所示。

图 1-24　　　　　　　图 1-25　　　　　　　图 1-26

▽ 4. 文件资料柜物品整理改善案例分析

改善前，文件资料柜中物品多、杂、乱，柜子满满当当的，不方便拿取物品。改善后，不需要的物品被清理，留下的文件资料被分类摆放，同类型物品放同层，使用频率高的物品放中间几层，便于查找，提高拿取效率。文件资料柜物品整理改善案例如图 1-27 和图 1-28 所示。

图 1-27　　　　　　　　　　　　图 1-28

▽ 5. 整理改善的五大步骤

第一步：逐个取出物品，初步判断要与不要。

第二步：彻底清扫，让工作环境焕然一新。

第三步：制定摆放标准，分类摆放物品。

第四步：明确岗位工作需求，梳理必要品清单。

第五步：处理并分析不要的物品，杜绝再次浪费。

通过整理改善，确保工作现场的物品都是工作需要的，不需要的物品不再占据有限的工作空间。通过合理的分类摆放，让工作空间不再拥挤，给员工提供一个干净、整洁、清爽的工作环境。

1.3.2 整顿：一目了然，取用快捷

整顿是将整理留下的物品分类放置，通过定位、标识、目视化等方法让物品整齐有序，一目了然，确保员工取用快捷，避免浪费时间寻找。

物品整顿改善案例如图 1-29 所示，用不同图形示意不同物品，左侧的图形随意摆放在一起，难以识别物品相关信息；中间的图形分类摆放，可以较快清点每类物品的数量；右侧的图形做了定位、定量及标识管理，可以轻松识别物品名称、数量、状态等信息。

 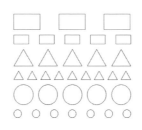 

图 1-29

▽ 1. 整顿的核心是"三定"管理——定点、定容、定量

定点：明确物品放置的位置，确保员工取用快捷，减少寻找的时间。

定容：设计存放物品的容器，方便物品转运与存储，确保物品整齐有序。

定量：明确物品的数量，既避免数量过少耽误生产进度，又避免数量过多造

成库存浪费。

通过现场布局优化，确保工作场所有序，减少不必要的搬运和等待；通过"三定"改善，确保员工能够快速找到物品，避免浪费时间寻找；通过目视化管理，让工作现场一目了然，有效提高工作效率。

▽ 2. 现场布局改善案例分析

改善前，办公桌、文件柜、沙发、茶几、摆件、花卉等物品随意摆放，休息与办公互相影响，整体空间显得拥挤、杂乱。改善后，规划四大功能区——办公区、资料区、休息区、公共区，办公、休息互不干扰，空间得到充分、合理利用，规整有序。办公室布局改善案例如图 1-30 至图 1-32 所示。

图 1-30

图 1-31

图 1-32

改善前，货架摆放横七竖八，物品堆积混乱，出入库效率低且盘点困难。改善后，规划四大功能区——货架区、大件存放区、出入库暂存区、办公区，提高出入库效率与盘点准确性。五金仓库布局改善案例如图 1-33 和图 1-34 所示。

图 1-33

图 1-34

▽ 3. 物品"三定"改善案例分析

改善前，文件资料柜内的物品随意摆放，员工无法及时找到需要的资料。改善后，文件资料柜内的物品分类、分层、分列整齐摆放，一方面，用 1cm 宽的定位贴做了区域定位,明确了各物品的放置位置,另一方面,在物品前方张贴了物品名称标识,员工能够快速找到需要的资料。文件资料柜物品"三定"改善案例如图 1-35 和图 1-36 所示。

图 1-35

图 1-36

改善前,抽屉内物品混放,每次取用时需要花费大量的时间寻找,如果物品丢失,无法第一时间了解。改善后,抽屉内物品做了形迹定位与标识管理,有效防止了物品混乱,员工可以迅速拿取需要的物品,如果物品丢失,能够第一时间发现。抽屉物品"三定"改善案例如图 1-37 和图 1-38 所示。

图 1-37

图 1-38

通过设计物料存储与周转器具,员工能够方便地存储与周转物料;通过完成定位与标识改善,员工可以快速拿取需要的物料,减少转身、弯腰、寻找等动作浪费。物料"三定"改善案例如图 1-39 至图 1-41 所示。

图 1-39

图 1-40

图 1-41

（根据类别）对现场工具进行分类摆放，（根据工具形状和数量）使用合理的定位方式和存储容器保存工具，张贴标识以明确工具名称、数量、状态等，能够帮助员工快速取放需要的工具，减少寻找时间，提高工作效率。现场工具"三定"改善案例如图 1-42 至图 1-44 所示。

图 1-42　　　　　　图 1-43　　　　　　　　图 1-44

▽ 4. 物品目视化改善案例分析

改善前，仪表盘上无任何标识，员工检查仪表状态是否正常需要查询工艺标准，费时费力，甚至可能需要专业人员点检。改善后，仪表盘做了状态目视化管理，员工只需要了解 3 种颜色的含义（绿色代表正常范围值，黄色代表警告范围值，红色代表异常范围值），就能识别压力状态是否正常，并做出正确的决策。仪表盘目视化改善案例如图 1-45 和图 1-46 所示。

图 1-45　　　　　　　　　　　　图 1-46

▽ 5. 整顿改善的五大步骤

第一步：制订布局优化方案并调整布局。确保物流顺畅，先进先出，减少浪费。

第二步：明确物品存放的位置并合理调整。物品使用频率越高，应距离员工越近。

第三步：设计物品存储方式并改善存储状态。方便物品存储与周转，提高工作效率。

第四步：统一物品定位标准并合理定位。统一物品定位标准，如四角定位、区域定位、形迹定位等。

第五步：设计物品标识体系并合理标识。系统设计物品标识体系，使之一目了然、整齐划一。

通过整顿改善，让工作现场的物品与工具规整、有序，减少寻找物品的时间，给员工提供安全、高效的工作环境。

1.3.3 清扫：全面点检，清除问题

清扫，即对工作场所进行定期清洁和维护，确保设备、环境保持良好的状态，提高生产质量和安全性。清扫的目的是清除问题，本质是点检。

很多员工认为清扫就是打扫卫生，其实不然，清扫是对工作现场进行全面检查，清扫的过程是发现问题、解决问题、清除问题的过程。

员工可以通过红牌作战活动发现问题，通过两源改善活动从根源上解决问题，防止问题再次出现，让改善成果的维持像呼吸一样简单。

红牌作战活动是用一张红色的问题牌把现场的问题标注出来，通过分析问题产生的根本原因，制定对策，从根源上进行改善的活动。红牌样式如图1-47所示。

比如，电脑显示器底座为圆形，定位时应该进行形迹定位，而非四角定位，红牌张贴案例如图1-48所示。如果是因为员工不知道如何定位而做错，要对员工进行相关培训；如果是因为标准不够明确而做错，要对改善标准进行完善。

又如，安全帽不应该放在柜子上方，有安全隐患，红牌张贴案例如图1-49所示。如果是因为没有地方存放而错误放置，可以购买安全帽置物架放置，或者购买挂钩悬挂；如果是因为员工没有安全意识而错误放置，要重新规划安全帽存放位置并对员工进行相关培训。

图 1-47　　　　　　　　图 1-48　　　　　　　　图 1-49

组织红牌作战活动，不仅是为了相互查找问题，查漏补缺，还是为了相互学习亮点，持续改进。红牌作战活动步骤见表 1-1，本书第 7 章会通过案例详细讲解红牌作战活动的实操方法和具体要点。

表 1-1　红牌作战活动步骤

Step1：准备	Step2：发行	Step3：整改
1. 选取区域	6. 宣贯职责纪律	11. 统计问题点
2. 确定时间	7. 查找问题点	12. 整改问题点
3. 明确参与人员	8. 填写红牌	13. 回收红牌
4. 分组分工	9. 张贴红牌并拍照	14. 统计问题整改率
5. 准备材料	10. 填写记录表	15. 高标准持续提高

两源改善活动针对的是污染源与困难源，从源头入手解决环境污染问题和员工作业困难问题，让问题不再轻易出现，帮助员工轻松维持良好的作业现场。

比如，车间地面有油污，正确的解决方法不是频繁地让员工清理油污，也不是找个盘子当接油盘，只有从源头入手解决设备漏油的问题，才能让员工更轻松地维持干净、整洁的作业环境。设备漏油污染地面如图 1-50 所示。

又如，锯切铁棒的过程中会有铁锈掉落地面，污染环境，正确的解决方法不是让员工不停地打扫卫生，而是从源头入手解决铁锈粉末不断掉落的问题——更换没有铁锈的原材料，杜绝铁锈粉末的产生，或者在平台底部放置接盘，集中收集掉落的铁锈粉末，降低员工打扫卫生的难度。铁锈粉末污染地面如图 1-51 和图 1-52 所示。

图 1-50

图 1-51

图 1-52

清扫有助于打造更有序、更安全的工作环境，为现场管理的持续改进夯实基础。通过组织定期清扫活动，可以有效预防问题的发生，帮助员工保持良好的工作状态，从而提高员工的工作质量和工作效率。

1.3.4 清洁：标准制定，贯彻到底

清洁是对整理、整顿、清扫的实施进行标准化、制度化、规范化管理，结合更多的改善活动，维持改善成果。

很多企业虽然做了整理、整顿和清扫工作，但是现场状态并不理想，甚至依然凌乱，这是因为缺少一套高标准的体系文件。

物品虽然做了定位标识，但定位贴的颜色、尺寸等不一致，工作环境更显杂乱；现场维持标准不明确，定位贴、标识破损后无人更换，工作环境更加糟糕……标准不明确的 5S 改善案例如图 1-53 至图 1-55 所示。

图 1-53

图 1-54

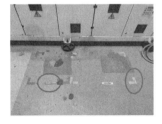
图 1-55

企业应明确改善标准，让员工按照统一的改善标准执行，杜绝同一内容多个标准的情况出现。例如，针对文件盒，用统一模板做形迹标识，明确标识的材质、颜色、尺寸、字体、字号、张贴位置等。文件盒标识改善标准见表 1-2。

表1-2 文件盒标识改善标准

	文件盒标识改善标准	
	目的	明确形迹标识的制作方法，统一制作标准
	标准	材料：铜版纸 颜色：可设置背景色为企业色 尺寸：可根据文件夹大小调整标识尺寸 形迹：三角形，底部与分割线平行 编号：统一格式（01、02……） 位置：张贴在文件盒中间，高度统一 备注：复制粘贴为图片，可调整大小

企业应建立可量化的维持标准，为日常5S维持与检查提供依据，防止因管理不到位出现问题回潮现象。岗位5S维持标准要图文并茂、易于理解、便于管理，内容包括亮点图片、岗位区域、责任人、维护周期、管理标准。办公桌5S维持标准见表1-3。

表1-3 办公桌5S维持标准

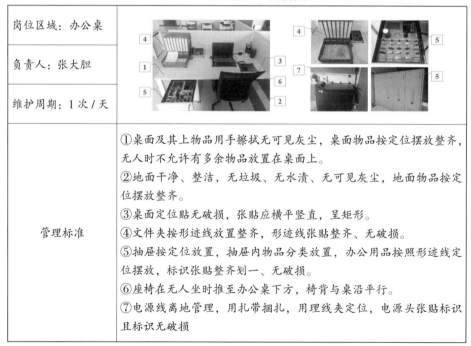

岗位区域：办公桌	
负责人：张大胆	
维护周期：1次/天	
管理标准	①桌面及其上物品用手擦拭无可见灰尘，桌面物品按定位摆放整齐，无人时不允许有多余物品放置在桌面上。 ②地面干净、整洁，无垃圾、无水渍、无可见灰尘，地面物品按定位摆放整齐。 ③桌面定位贴无破损，张贴应横平竖直，呈矩形。 ④文件夹按形迹线放置整齐，形迹线张贴整齐、无破损。 ⑤抽屉按定位放置，抽屉内物品分类放置，办公用品按照形迹线定位摆放，标识张贴整齐划一、无破损。 ⑥座椅在无人坐时推至办公桌下方，椅背与桌沿平行。 ⑦电源线离地管理，用扎带捆扎，用理线夹定位，电源头张贴标识且标识无破损

按照维持标准检查时，要充分考虑实际情况，比如员工正在工作，桌面上有

一些文件资料，显得有些杂乱，不能因此责怪员工。标准应该是服务于工作的，要让标准适应工作，而不是让工作适应标准。

企业应根据改善标准和维持标准梳理 5S 检查标准，通过组织 5S 评比活动，让各部门进行良性竞争，用自查、互查、巡查的方式，不断提高现场标准，保持工作场所的整洁和有序，进而提高工作效率、产品质量和员工满意度。

1.3.5 素养：以人为本，养成习惯

素养指以人为本地塑造企业文化，将 5S 管理融入日常工作，让全员参与现场管理，持续提升现场管理水平。

很多企业的管理者认为工作现场脏、乱、差是员工的问题，抱怨员工的学历低、理解能力差、自由散漫等，完全没有反思企业是否给员工提供过培训、学习的机会，是否为表现优异的员工准备过相应的奖励，是否站在员工的角度思考过怎样的工作环境才是干净整洁、安全高效的工作环境。

举个例子，电动汽车电池散热片钎焊前上料区域的温度超过 30℃，工装与产品的总重量超过 30kg，负责该工作的员工每天需要弯腰搬运超过 500 次，工作环境如图 1-56 至图 1-58 所示。由于劳动强度大、工作条件差，该岗位员工的离职率很高。新员工得不到有效的培训，经验不足，且长期处于疲惫状态，无法保障作业质量，导致该工序的产品合格率非常低，报废与返工频繁。

图 1-56

图 1-57

图 1-58

只有该企业的管理者肯站在员工的角度做改善，引入辅助工作的机械手臂，降低员工的劳动强度，让员工有更多的时间和精力提高作业技能，同时适当提高薪资，降低员工的离职率，产品质量和作业效率才能得到保障。

素养不是对员工的要求，而是对企业的要求，企业的管理者时刻站在员工的角度做改善，员工才愿意参与现场改善工作，现场管理水平才能持续提升。

只有正确地认识 5S 管理、认可 5S 改善的作用、知道 5S 实施的前提条件，从企业高层领导到一线操作工人，全员达成共识，才能成功推行 5S 管理。

第 2 章

CHAPTER 02

立项启动

5S 管理失败的根源，在于没有好的开始

万事皆有因果。对不会游泳的人来说，换泳池是无法解决问题的；对不重视现场管理的企业来说，做不好 5S 管理是意料之中的事。

成功推行 5S 管理的四大要素如下。

① 高层领导的重视：给予足够的资源（人、财、物）。

② 中层领导的支持：关注 5S 改善进度与效果。

③ 基层员工的参与：全员参与 5S 改善工作。

④ 专业人员的助力：系统规划与全面指导。

2.1 梳理物料清单，合理控制成本

推行5S管理，主要有两部分资金投入：改善物料费用，持续改善费用。

改善物料费用金额取决于企业对现场呈现效果的期望，不同材质的物料，价格差异较大，呈现效果也有所区别。宣传标语物料包括条幅布、灯箱、LED屏等，标识牌物料包括KT板、PVC板、亚克力板等，通道线物料包括普通油漆、马路专用漆、PVC胶带、3M反光贴等。上述物料，根据材质的不同，价格相差几倍，甚至十几倍，企业需要根据实际情况选择购买。

笔者按照5S改善的常见内容梳理了一份通用的改善物料清单，企业可以根据实际情况选择合适的改善物料，合理控制成本。

2.1.1 项目启动会物料清单及图示

项目启动会物料主要包括宣传横幅、海报，以及样板区标识牌，见表2-1。

表2-1 项目启动会物料清单及图示

图示	说明
	物料名称：宣传横幅、海报 物料用途：项目启动会宣传 规格及数量：根据场地大小制作，1幅
5S改善活动样板区 样板区域名： 第一责任人： 第二责任人：	物料名称：样板区标识牌 物料用途：项目启动会样板区授牌仪式 规格及数量：A3，每个样板区1块

2.1.2 物品定位物料清单及图示

物品定位物料主要包括办公用品收纳架、电源线固定器、定位贴、胶带、EVA 泡棉、安全帽放置架等，见表 2-2。

表 2-2 物品定位物料清单及图示

图示	说明
	物料名称：电脑显示器收纳托架 物料用途：抬高显示器，辅助收纳 物料颜色：自选，统一颜色即可 规格及数量：根据实际空间、使用数量购买
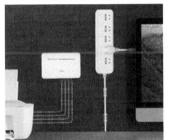	物料名称：电源线固定器 物料用途：整理、固定电源线 物料颜色：自选 规格及数量：根据实际空间确定规格，100 个 备注：有多种固定器，可自选
	物料名称：L 型四角定位贴（桌面） 物料用途：桌面物品定位 物料颜色：蓝色、黄色 规格及数量：3cm×1cm，每种颜色 1000 个
	物料名称：L 型四角定位贴（办公室地面） 物料用途：办公室地面物品定位 物料颜色：蓝色、黄色 规格及数量：6cm×2cm，每种颜色 500 个

续表

	物料名称：圆形物品定位贴 物料用途：办公室地面圆底物品定位 物料颜色：自选 规格及数量：根据物品直径定制，定位贴尺寸比物品直径大 2cm，数量根据实际使用情况确定即可
	物料名称：1cm 宽反光警示胶带 物料用途：物品区域划分 物料颜色：蓝色、黄色 规格及数量：1cm 宽，每种颜色 10 卷
	物料名称：L 型四角定位贴（车间地面） 物料用途：车间地面物品定位 物料颜色：黄色、红色 规格及数量：5cm×15cm，黄色 1000 个、红色 100 个 备注：水泥地面不需要使用
	物料名称：5cm 宽反光警示胶带 物料用途：区域定位、安全警示等 物料颜色：黄色、蓝色、红色、黄黑色、红白色 规格及数量：5cm 宽，每种颜色 10 卷
	物料名称：10cm 宽反光警示胶带 物料用途：张贴通道线 物料颜色：黄色等 规格及数量：10cm 宽，黄色 10 卷、其他颜色 5 卷 备注：水泥地面不需要使用
	物料名称：38 度高密度 EVA 泡棉 物料用途：抽屉物品定位、工具定位 物料颜色：白色、黑色 规格及数量：3mm×20mm、10mm×20mm，若干 备注：厚度可根据工具大小定制

续表

	物料名称：安全帽放置架 物料用途：放置安全帽 物料材质：铝合金 数量需求：根据安全帽数量确定

2.1.3 划线物料清单及图示

现场划线物料主要包括油漆、美纹纸胶带、胶带划线机、激光水平仪、油漆毛刷、油漆滚筒等，见表2-3。

表2-3 画线物料清单及图示

	物料名称：速干马路划线反光漆 物料用途：警示线、通道线、定位线等 物料颜色：黄色、黑色、红白色 规格及数量：20kg，每种颜色2桶，黄色、黑色可多买些 备注：需要购买配套使用的稀料
	物料名称：美纹纸胶带 物料用途：刷漆前定位，防止出现毛边 规格及数量：5cm宽，2箱 备注：若为地坪漆地面，可只买1箱
	物料名称：胶带划线机 物料用途：快速粘贴美纹纸胶带 规格及数量：规格不限，功能齐全即可，1台
	物料名称：激光水平仪 物料用途：辅助张贴胶带和划线 规格及数量：8线、室外强光版，1台

续表

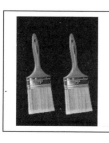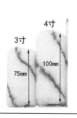	物料名称：油漆毛刷、油漆滚筒 物料用途：刷油漆 毛刷规格及数量：25mm、50mm，各5把 滚筒规格及数量：75mm、100mm，各5个

2.1.4 物品标识物料清单及图示

物品标识物料主要包括标签打印机、标签纸、彩色打印机、铜版纸、塑封机、塑封膜、电源线标签、签字笔、物品名称标识贴等，见表2-4。

表2-4 物品标识物料清单及图示

	物料名称：标签打印机、标签纸 物料用途：制作物品标签 标签纸颜色：白色、黄色 标签纸规格及数量：12mm、18mm、24mm，每种颜色10个
	物料名称：彩色打印机、铜版纸 物料用途：制作彩色标识牌 铜版纸规格及数量：A4，5包
	物料名称：塑封机、塑封膜 物料用途：塑封物品、区域等标识牌 塑封膜规格及数量：A4、A3，各5包
	物料名称：电源线标签、签字笔 物料用途：标识电源线控制设备 物料颜色：自选（白色、黄色等） 电源线标签规格及数量：27mm×63mm，200个

续表

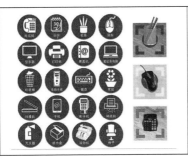	物料名称：物品名称标识贴 物料用途：标识办公室定位物品 物料颜色：蓝色（办公楼）、黄色（车间） 规格及数量：3.2cm×3.2cm，20个

2.1.5 目视化改善物料清单及图示

目视化改善物料包括车间地面标识贴、推/拉标识牌、人员去向牌、台阶警示反光贴、油漆笔、压力表点检标签、设备状态管理标识、气瓶状态管理标识等，见表2-5。

表2-5 目视化改善物料清单及图示

	物料名称：车间地面标识贴 物料用途：标识通道和警示 规格及数量：根据实际使用情况购买
	物料名称：推/拉标识牌 物料用途：标识门的开关方向 物料颜色：自选 规格及数量：根据门的数量购买 备注：平移门需要购买"移"标识牌
	物料名称：人员去向牌 物料用途：标示人员去向 物料颜色：自选 规格及数量：根据部门的数量购买 备注：可以根据实际情况定制

续表

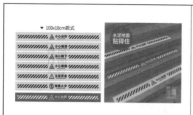	物料名称：台阶警示反光贴 物料用途：台阶安全警示 物料颜色：黄色等 规格及数量：10cm 宽，根据台阶的数量购买 备注：可以定制反光贴文字
	物料名称：油漆笔 物料用途：标记手轮旋转方向 颜色及数量：白色，20 支
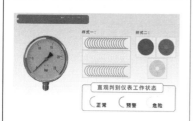	物料名称：压力表点检标签 物料用途：标识压力表的状态 规格及数量：根据压力表的直径及数量定制
	物料名称：设备状态管理标识 物料用途：标识设备当前状态 规格及数量：根据设备大小、功能及数量选购或定制
	物料名称：气瓶状态管理标识 物料用途：标识气瓶当前状态 规格及数量：根据气瓶大小、功能及数量选购或定制

2.1.6 持续改善费用类别及参考实例

持续改善费用是为了激励员工发现问题、解决问题、不断提高现场管理水平设置的奖金池,及时给予奖励,可以帮助员工养成良好的工作习惯,逐渐将5S改善融入日常工作,最终形成全员改善的企业文化。

持续改善费用可分为现场改善奖励和问题解决奖励两部分。现场改善奖励的奖励对象是通过评比选出的获奖部门和个人,可设置样板区奖、现场5S改善突出成果奖、5S竞赛羚羊奖、优秀指导员奖等多个奖励名目。问题解决奖励的金额主要由问题解决后获得的收益大小决定,分为个人奖励和团队奖励,个人奖励包括提案之星奖、改善之星奖等,团队奖励包括重点改善提案奖、课题改善卓越贡献奖等。持续改善的奖励模块和相关标准参考实例见表2-6。

表2-6 持续改善的奖励模块和相关标准参考实例

序号	奖励模块	奖励对象	奖励时间	奖励标准	参考预算
1	样板区奖	样板区打造人员	项目第一个月	一等奖:1000元×1个 二等奖:800元×2个 三等奖:500元×2个	3600元
2	现场5S改善突出成果奖	改善效果最好的3个区域的负责人	项目最后一个月	一等奖:5000元×1个 二等奖:3000元×1个 三等奖:2000元×1个	10000元
3	5S竞赛羚羊奖	参与5S改善表现最突出的个人	每月	生产区第一:3000元 办公区第一:1000元	48000元/年
4	优秀指导员奖	优秀指导员	每月	生产系列1人:300元 办公系列1人:200元	6000元/年
5	提案之星奖	提案数量最多的个人(≥5个)	每月	每月1人:200元	2400元/年
6	改善之星奖	提案质量最高的个人	每月	每月1人:500元	6000元/年
7	重点改善提案奖	根据提案制度评选获奖人员	每月	50元至2000元不等	根据奖励规则设置奖金
8	课题改善卓越贡献奖	根据课题收益评选获奖人员	每年	一等奖:10000元×1个 二等奖:6000元×2个 三等奖:3000元×3个	31000元/年

让员工感受到企业对5S管理的重视的途径之一是完善奖励规则，及时奖励是激发员工参与热情的最高效的方法，上述奖励模块中的奖金标准仅供参考，具体奖励金额在企业承受范围内越多越好。

2.2 制订里程碑计划,避免项目延期

里程碑计划是项目管理中的常用计划之一,主要作用是帮助项目团队和利益相关者跟踪项目的进度。里程碑通常是项目中的重要事件、阶段或目标,标志着项目的关键节点,有助于评估项目是否按计划推进,降低项目延期的概率。

2.2.1 里程碑计划的关键作用

1. 追踪项目进度

里程碑计划使项目团队能够清晰地了解项目状态。通过比较计划进度和实际进度,项目团队可以快速识别潜在的延期风险或项目问题,及时采取纠正措施。

2. 加强团队沟通

里程碑计划为项目各方提供了共同的目标和时间表,这有助于加强团队沟通和协作,确保团队成员、管理层和利益相关者都了解项目的进展和阶段性成果。

3. 进行风险管理

通过监测里程碑,项目团队可以及时识别风险并采取恰当的风险管理措施,努力消除风险。

4. 提供决策支持

里程碑计划为项目决策提供了依据,比如,企业可以根据项目在关键里程碑上的表现决定是否继续投资和支持项目,以及投资和支持力度。

2.2.2 六步,轻松制订里程碑计划

第一步:确定项目中的里程碑。项目团队需要明确项目的关键阶段、重要事件、终极目标。这些里程碑应该是可以量化的,以便能够明确地衡量其完成情况。

笔者在协助企业推进 5S 管理项目的过程中,总结出了一个非常实用的里程碑计

划，分为六大阶段，即立项启动、标杆打造、标准管理、全面落地、巩固维持、持续改善。

第二步：设定里程碑的截止日期。 为每个里程碑设定截止日期，确保这些日期是合理的、是考虑了项目的整体时间表和资源可用性的。

笔者认为，5S 管理项目的改善周期与行业类型、企业规模、现状与目标间的差距有关，一般，4～6 个月是比较合理的改善周期。设定里程碑的截止日期时，可以先根据项目总周期倒推最晚截止时间，再根据工作量与可投入的改善人员人数预估完成周期，确定开始时间。

以 4 个月的项目周期为例，建议第 1 周完成立项启动，第 2 周至第 4 周完成样板区改善，即标杆打造，第 4 周至第 8 周陆续完成相关标准制定，第 5 周至第 10 周完成企业 5S 改善工作的全面落地，第 10 周中后期进入巩固维持阶段，第 12 周开始推行持续改善，直至项目结束。

第三步：明确里程碑之间的依赖关系。 明确里程碑之间的依赖关系，即哪些里程碑对应的工作必须优先完成，有助于确保项目按正确的顺序推进。

笔者制订的里程碑计划中的六大步骤有严谨的逻辑关系，先后顺序为立项启动、标杆打造、标准管理、全面落地、巩固维持、持续改善。其中，立项启动完成后（获得员工支持）才能进行标杆打造；有了样板区并明确了改善标准后（有样板区和改善标准作为改善依据），非样板区才可以更高效地开展改善活动。巩固维持和持续改善没有严格的先后顺序，可以与企业 5S 改善活动的全面落地一起进行，但考虑到工作量和员工的接受能力，一般在所有部门都完成 5S 改善工作之后进入巩固维持和持续改善阶段。

第四步：创建里程碑计划图表。 使用项目管理工具或软件创建里程碑计划图表，如甘特图、时间线图等，将里程碑和截止日期以可视化的方式呈现，能使项目团队更直观地了解项目的时间进度。

第五步：审查和验证里程碑计划。 集体审查和验证里程碑计划，确保所有人员都理解和接受该计划，如有需要，可以进行必要的修改和调整。

第六步：持续监测和更新里程碑计划。 随着项目的不断推进，持续监测并定期更新里程碑计划，确保其能够真实反映实际进展情况。如果遇到延期等问题，及时采取必要的行动加以解决。

2.2.3 5S 管理项目的里程碑计划实例

笔者根据协助企业推进 5S 管理项目的经验，制订了非常实用的 5S 管理项目里程碑计划，见表 2-7。

表 2-7　5S 管理项目里程碑计划

阶段	主要推进内容	输出文件/成果	第1个月	第2个月	第3个月	第4个月	第5个月	第6个月
立项启动	建立 5S 管理团队	《精益组织与制度》	→					
	选择样板区	样板区	→					
	准备及确认物料	《现场 5S 改善物料清单》	→					
	申请项目资金	改善专项资金	→					
	明确启动会流程	《启动会流程》	→					
	组织课程培训	《5S 管理知识培训》	→	→	→	→	→	
标杆打造	培训样板区打造流程	《样板区打造流程》	→					
	整理样板区	整理改善成果	→					
	规划设计样板区	《样板区布局优化图》	→					
	整顿样板区	整顿改善成果	→					
	组织样板区改善相关活动	过程指导/宣传经验	→					
	验收样板区	现场改善成果	→					
标准管理	制定 5S 可视化标准	《5S 可视化标准手册》	→	→	→	→	→	→
	制定 5S 维持标准	《5S 维持标准手册》			→	→	→	→
	制定 5S 检查标准	《现场 5S 检查表》				→	→	→
	制定 5S 评比标准	《现场 5S 评比制度》				→		
	制定 5S 标识模板	《5S 标识标准手册》	→	→	→			
全面落地	划分责任区域	《责任区域划分图》			→			
	制订整体推进计划	《整体推进计划》			→			
	制订各区域推进计划	《各区域推进计划》			→	→	→	
	指导全面改善	改善成果				→	→	
	周例会	周报			→	→	→	

续表

阶段	主要推进内容	输出文件/成果	第1个月	第2个月	第3个月	第4个月	第5个月	第6个月
巩固维持	评比、宣传改善成果	现场5S评比结果			→	→	→	→
	组织红牌作战活动	红牌作战改善清单			→	→	→	→
	组织两源改善活动	两源改善清单			→	→	→	→
持续改善	现场5S检查、评比	奖惩决定			→	→	→	→
	月例会	月报			→	→	→	→
	现场5S积分管理	《5S积分管理制度》				→	→	→
项目总结	整理项目资料	《5S改善体系》					→	→
	验收5S改善成果	现场5S改善成果					→	→

笔者提供的里程碑计划是以月为单位制订的，如果改善周期较短，可以按周制订里程碑计划。里程碑计划的细化程度越高，项目团队对项目进度的把控越精准，项目延期的风险越低。

里程碑计划是用于项目管理的重要工具，有助于追踪项目进度、加强团队沟通、进行风险管理并提供决策支持。使用里程碑计划管理和监控项目进度，项目团队可以更从容地确保项目按照预期达成终极目标。特别提醒，及时的更新和沟通对项目的成功而言是至关重要的。

2.3 明确责、权、利，制定管理制度

在协助某企业推行 5S 管理的过程中，笔者发现该企业内某些部门的改善进度和效果非常差，究其原因，部门负责人反馈工作太忙，没时间配合。为了避免出现这种推卸责任的情况，笔者建议相关企业在正式推行 5S 管理之前就制定项目管理制度，明确相关责任人的责任、权力和利益，定期进行考核。

本节通过对 5S 管理项目的管理制度进行拆解，详细介绍如何制定规范、有效的管理制度。管理制度主要由封面和正文构成。

2.3.1 封面内容及范例

管理制度的封面是管理制度作为正式文件的身份证明，封面用于提供版本信息和审批历史，有助于进行版本控制，确保文件可辨识、合规。封面通常包括以下关键信息：组织标志及名称、文件名称、文件编号、文件版本及修改状态、编制／审核／审批人及日期、版本修改记录、受控标记及发行号。

▽ 1. 组织标志及名称

组织标志及名称即企业 Logo 及企业的正式名称。

▽ 2. 文件名称

文件名称即管理制度的名称，简要说明管理制度的内容和管理范围，一般可以定为××管理制度、××规定、××规范、××规则、××办法、××条例等。

▽ 3. 文件编号

文件编号即用于标识和管理文件的独特标识符。不同的企业对文件编号的格式有不同的要求，常见的文件编号编写格式如下。

①**数字编号**：使用数字标识文件，如"1""2""3""4"。这是最简单的编号编写格式，有区分作用，但不够详细。

②字母和数字组合：使用字母和数字的组合标识文件，如"DOC001""POLICY002"。使用这种编号编写格式，可以通过为不同类型的文件添加不同的前缀达到更好地分类文件的目的。

③日期和数字组合：使用日期和数字的组合标识文件，如"20231103-001"，其中"20231103"是日期，"001"指当天的第一个文件。使用这种编号编写格式，可以确保唯一性。

④加入部门或项目缩写：在文件编号中加入部门或项目的缩写，可以更好地分类文件，如"HR-001"，表示人力资源部门的第一个文件。

⑤层次结构编号：使用层次结构编号可以更好地梳理文件，如"HR/001"，其中，"HR"表示人力资源部门，"001"表示该部门的第一个文件。

⑥混合格式：结合使用上述格式，可以满足特定需求，如"20231103-HR-001"，结合了日期、部门和序号。

▽ 4. 文件版本及修改状态

文件版本即管理制度的当前版本，通常使用数字标示，如"版本1.0""版本2.0"。修改状态即管理制度的当前状态。

（1）文件版本书写方式

①"版本××"，如"版本1.0"。

②"V××"，如"V2.0"。

③"Rev××"，如"Rev 3.0"。

（2）修改状态书写方式

①"最新"或"已生效"：表示文件是最新版本，且已经生效，没有未处理的修改。

②"已批准"：表示文件已经通过审批，可以生效。

③"草稿"：表示文件仍处于草稿阶段，可能需要审查和修改。

④"待审批"：表示文件已经提交审批，但尚未通过审批。

⑤"废止"：表示文件不再有效，已经被废弃。

▽ 5. 编制 / 审核 / 审批人及日期

编制人员是管理制度的作者，审核人员是对管理制度的内容进行审查和核实的人员，审批人员是对管理制度的内容进行终审和批准的人员。日期即对应环节的完成日期。

▽ 6. 版本修改记录

版本修改记录用于记录管理制度的修改历史。每个修改记录都应包括修改日期、对修改内容的描述，以及修改人员的信息，以确保有详细的历史记录可查。

修改日期通常使用标准日期格式，如"YYYY-MM-DD"。修改描述应该简洁、具体，概括性地说明对制度内容进行的变更。修改人员处应填写修改人的姓名或标识。版本修改记录范例见表2-8。

表2-8 版本修改记录范例

版本号	修改日期	修改描述	修改人员
版本1.0	修改日期1	修改描述1	修改人员1
版本2.0	修改日期2	修改描述2	修改人员2
版本3.0	修改日期3	修改描述3	修改人员3

▽ 7. 受控标记及发行号

受控标记即指示文档状态的标识，如"草案""正式版""废止"。发行号是标示特定版本的唯一标识号码，与文件编号不同，是具体版本的发行标识，通常包括日期等标识信息，以确保每个发行都具有独特性。发行号的常见格式如下。

①**日期格式**：YYYYMMDD，其中，"YYYY"表示年份，"MM"表示月份，"DD"表示日期。例如，2023年11月3日发行，发行号可以写成20231103。

②**组合格式**：以日期与其他标识信息的组合为发行号，确保唯一性。例如，以日期、文档类型和序号的组合为发行号，写作"20231103-MS-001"，其中，"20231103"表示日期，"MS"表示管理制度，"001"表示该日第一个发行。

③**与版本号结合**：将发行号与版本号结合，以便更清晰地识别不同版本的文件的发行。例如，"20231103-V2"表示第二个版本的管理制度是在2023年11月3日发行的。

根据封面内容及其编写要求，笔者编制了现场5S改善管理制度封面范例，如

图 2-1 所示。

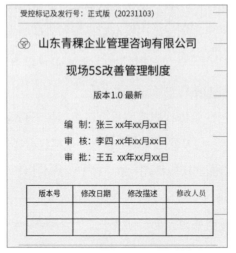

图 2-1

2.3.2 正文编写方法及范例之一：目的、适用范围和定义

管理制度的正文内容主要包括目的、适用范围、定义、组织架构、职责、工作要求、考核、文件表格。

▽ 1. 目的

清晰、简洁地说明制定管理制度的目标和意图，让员工了解该管理制度的重要性。

其一，结合企业情况，列举推行5S管理的目的，例如，提升企业形象、识别并消除浪费、降低劳动强度、提高工作效率、提供整洁的工作环境。其二，将一系列目的整合成管理制度中的目的描述。

范例如下。

通过推行5S管理，打造更加安全、高效、整洁、有序的工作现场。对内，减免不增值作业，提高工作效率；对外，优化企业形象，提高企业竞争力。

▽ 2. 适用范围

清晰地定义管理制度的适用情境、部门、岗位或流程。

5S管理强调的是全员参与，所以适用于企业内的所有部门和岗位，包括但不限于生产区域、办公区域、公共区域。

▽ 3. 定义

当管理制度中的某些关键术语、概念、流程尚未普遍使用，有可能影响员工对管理制度的理解时，需要对这些词语进行解释说明，确保员工能够准确理解并遵守制度。

实际工作中，可以在管理制度制定完成后对管理制度中的专业术语和容易混淆的概念进行解释说明，以确保无遗漏，例如，"5S""整理""整顿""清扫""清洁""素养"等概念常被误读，最好有对应的解释说明。

2.3.3 正文编写方法及范例之二：组织架构和职责

▽ 1. 组织架构

为确保项目顺利推进，企业可设置临时性组织，一般由监督管理层、推进执行层和实施执行层构成。

监督管理层人员一般为企业的高层领导，推进执行层人员一般为精益办的负责人，如果企业没有精益办，可以由负责推进5S管理的部门的领导负责相关工作，实施执行层人员为各部门领导和员工，一个部门设置一名指导员，负责各部门5S管理与改善的指导工作。5S管理项目组织架构如图2-2所示。

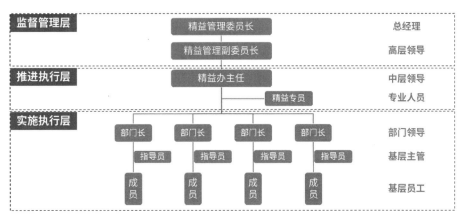

图2-2

▽ 2. 职责

明确组织架构中各层级人员的职责,确保项目推进过程中的各项工作有专人负责,确保改善效果。

(1)监督管理层——委员长/副委员长职责

①审核 5S 管理项目组织架构。

②审核 5S 管理绩效考核标准。

③审核 5S 管理物料清单。

④定期审核 5S 管理项目推进进度与改善效果。

⑤参加每月召开的 5S 管理月度总结会。

(2)推进执行层——精益办主任职责

①定期审核本部门 5S 管理项目的推进成果。

②合理调配资源,确保项目顺利推进。

③协调并解决 5S 管理项目推进过程中的问题。

④指导并监督各部门长和指导员的工作。

⑤定期向精益管理委员长/副委员长汇报项目进度和成果。

(3)推进执行层——精益专员职责

①参与制订 5S 管理项目推进计划与目标,并组织实施。

②代表企业与咨询顾问沟通协调 5S 管理项目推进工作。

③负责组织召开 5S 管理项目会议并整理相关资料。

④组织 5S 评比活动,并统计、公布评比结果。

⑤协调并解决 5S 管理项目推进过程中的问题。

⑥指导并监督各部门长和指导员的工作。

(4)实施执行层——部门长职责

①跟进本部门现场 5S 改善工作进度,记录改善成果。

②监督各指导员和成员的现场 5S 改善工作。

③给予本部门资源上的支持。

④积极配合精益办的工作,解决项目推进过程中的问题。

⑤参加精益办组织的 5S 管理项目会议。

⑥组织召开本部门的 5S 管理周例会。

⑦对精益管理委员长 / 副委员长和精益办负责。

（5）实施执行层——指导员职责

①组织并落实本部门的现场 5S 改善工作。

②指导并监督本部门的现场 5S 改善工作。

③定期汇报现场 5S 改善成果并参与相关方案的讨论。

④参加精益办组织的 5S 管理项目会议。

⑤解决本部门现场 5S 改善过程中出现的问题。

⑥对精益办负责，接受其指导和监督。

（6）实施执行层——成员职责

①按时完成精益办、指导员安排的工作任务。

②及时向指导员反馈现场 5S 改善过程中的问题。

③参加本部门组织的 5S 管理周例会。

2.3.4 正文编写方法及范例之三：工作要求、考核和文件表格

▽ **1. 工作要求**

阐述推进 5S 管理项目的各阶段工作及其对应的要求。推进 5S 管理项目的过程可以分为 4 个阶段，项目立项、项目计划、项目实施和项目结项。下面分阶段介绍工作要求。

（1）项目立项

①项目启动前，由高层领导讨论确定 5S 管理项目的目标、内容、改善周期、资金预算、组织架构等。

②精益办根据企业的实际情况编制《精益组织与制度》，各部门参与修订，启动前下发。

③精益办组织召开 5S 管理项目启动会，并对全员进行 5S 管理知识培训。

(2）项目计划

①精益办根据项目目标与改善周期制订里程碑计划及详细的推进计划。

②各部门根据精益办制订的推进计划制订具体的实施计划，包括工作内容、责任人、完成时间等。

③精益办与各部门根据工作完成进度与效果，及时调整项目的推进计划。

(3）项目实施

①各部门指导员根据项目推进计划分解工作目标，组织员工完成具体的改善工作。

②各部门负责人跟进项目实施进度、记录改善成果，并协调、解决改善过程中的问题。

③精益办定期组织 5S 管理项目会议，同步项目实施进度与目标达成情况，协调与解决项目推进过程中的问题。

(4）项目结项

①各部门根据改善周期按时完成现场 5S 改善工作，定期自行确认目标达成情况。

②监督管理层、精益办负责对项目实施成果进行考核。

③精益办组织项目总结表彰大会。

▽ 2. 考核

通过考核，确保 5S 管理项目能够按时、按预算、按范围、按质量交付。

5S 管理项目考核，主要是对推进部门和改善部门进行考核。精益办、各部门考核维度和参考标准分别见表 2-9 和表 2-10。

表 2-9　精益办考核维度和参考标准

序号	内容	权重	输出结果
1	协助各部门根据项目推进计划分解工作目标，并对各部门的目标达成情况进行评估	40%	评估报告
2	数据的收集、方案的制订和实施	10%	阶段性改善报告

续表

序号	内容	权重	输出结果
3	追踪项目推进情况并及时向精益办主任汇报	10%	阶段性改善报告
4	根据项目推进情况与需要组织相关会议解决问题	10%	会议沟通决议报告
5	按时参加相关会议、培训、辅导	10%	会议、培训、辅导签到
6	根据5S管理考核制度，对项目组成员进行日常考核	5%	项目组成员考核表
7	跟进项目实施后的成果固化	10%	跟进报告
8	按时完成领导分配的临时任务	5%	任务完成情况报告

表2-10　各部门考核维度和参考标准

序号	内容	权重	输出结果
1	组织员工按精益办的要求按时完成相关改善工作	30%	改善成果记录
2	跟进本部门相关数据的搜集、方案的制订和实施	10%	项目阶段性进度报告
3	追踪本部门的现场5S改善进展，及时向精益办汇报	10%	项目阶段性进度报告
4	根据现场5S改善情况及需要组织相关会议解决问题	5%	会议沟通决议报告
5	按时参加相关会议、培训、辅导	10%	会议、培训、辅导签到
6	根据职责权限，按时完成并提交现场5S改善过程中产生的资料及考核材料	10%	改善资料及考核材料
7	跟进项目实施后的成果固化	20%	跟进报告
8	按时完成精益办分配的临时任务	5%	任务完成情况报告

▽ **3. 文件表格**

对项目推进过程中的文件、表格、记录进行整理并归档，尤其关注最终版文件。

以上是对 5S 管理项目的管理制度进行的拆解分析，企业可以按照项目管理制度的制定要求自行制定本企业的 5S 管理项目的管理制度，也可以将前文拆解分析的内容整合成一份完整的 5S 管理项目的管理制度，直接使用。

通过制定项目管理制度获得各部门领导对 5S 管理项目的重视与支持，有利于确保现场 5S 改善的进度及效果符合预期。

2.4 讲清关键点，消除抵触心理

5S 管理项目策划得再好，没有员工的理解和执行也无法获得理想的改善成果。全员参与是成功推行 5S 管理的前提。员工为什么会抵触 5S 管理呢？笔者总结了以下原因。

①员工认为 5S 改善是额外的工作负担，而不是对工作环境和效率的改善。

② 5S 管理涉及工作流程和方式的改变，部分员工害怕熟悉的工作方式被否定。

③现场 5S 改善效果不好会受到处罚，而加班整改没有相应的加班费或激励。

④领导只有要求，没有培训，员工不知道应该如何做好现场 5S 改善，也不知道做好的标准是什么。

针对上述原因编制培训课件，在 5S 管理项目启动会上进行全员培训，可以消除大多数员工对 5S 管理的抵触心理，获得员工的理解和支持，为 5S 管理项目的顺利推进奠定基础。

2.4.1 说明脏、乱、差的现场的弊端，引发员工共鸣

使用照片或视频，向员工展示脏、乱、差的现场，说明这种工作环境的弊端，让员工知道企业在时刻关注着他们的工作环境和工作状态，引发共鸣。

工具柜内的物品摆放杂乱，员工每次找工具都要翻箱倒柜，无法及时找到急用的工具，会影响员工的工作效率和心情。杂乱的工具柜如图 2-3 和图 2-4 所示。通过整理、整顿改善，只留下工作需要的工具，并对留下的工具进行分类摆放，使之整齐有序，能够帮助员工快速找到需要的工具，提高工作效率。

图 2-3

图 2-4

工作台上的物品摆放杂乱，工作需要的和不需要的物品都在工作台上，占用着有限的工作空间，员工作业过程中有可能发生错装、漏装的情况，影响产品品质，导致客户投诉。杂乱的工作台如图 2-5 和图 2-6 所示。通过整理改善，只留下工作需要的物品，充分释放空间；通过整顿改善，将物品摆放得整齐、有序，提高员工的工作效率。

图 2-5

图 2-6

备件仓库内物品随意堆积，仓库管理员凭经验和记忆管理备件，无法做到先进先出，也无法保证备件数量是满足生产需求的。员工领备件费时费力，财务对账困难重重。混乱的备件仓库如图 2-7 和图 2-8 所示。通过整理、整顿改善，重新规划布局，对物品进行分区域、分货架、分层、分列管理，结合目视化看板，做到先进先出，账、卡、物一致，提高员工的工作效率。

图 2-7

图 2-8

设备灰尘多、漏油严重,不仅会污染工作环境,还会对产品的品质产生不良影响。不合规的设备如图 2-9 和图 2-10 所示。通过对设备进行彻底的检查、维修,解决设备漏油问题,给员工一个整洁的工作环境。

图 2-9

图 2-10

2.4.2 描绘改善后的现场的优点,激发员工期待

让员工知道现场的问题,不一定能有效地调动员工的改善积极性,此时,可以通过展示优秀的现场管理案例,让员工对现场 5S 改善的成果产生期待和向往。生产车间、办公室、备件仓库、化验室等场所的优秀的现场管理案例照片如图 2-11 至图 2-22 所示。

图 2-11

图 2-12

图 2-13

图 2-14

图 2-15

图 2-16

图 2-17

图 2-18

图 2-19　　　　　　　　　　　图 2-20

图 2-21　　　　　　　　　　　图 2-22

向员工展示优秀的现场管理案例的图片，多多益善。除了展示图片，还可以组织企业管理层和员工代表到标杆企业参访、学习，让员工意识到推行5S管理可以给他们提供安全、舒适、高效的作业现场。

2.4.3 解释说明"5S"的含义和改善路径，达成基本共识

充分调动员工的改善积极性后，向员工解释说明"5S"到底是什么，帮助员工理解"5S"的含义和改善路径，让员工明白，打造优秀的工作现场需要全员参与，整洁的工作环境是所有员工共同努力的结果，给员工责任感和荣誉感。

"5S"的含义，本书第1章有详细讲解；现场5S改善路径和相关的职责要求，本章第2节和第3节有详细讲解，企业可以根据相关内容，整理培训课件进行宣讲。

2.4.4 打造 5S 改善样板区，消除错误认知

很多企业在推行 5S 管理的过程中，为了追求一时的效率与成果，牺牲了员工的利益，例如，让员工加班完成现场 5S 改善，却不给加班费；为了物料整齐有序，物品定位至距离员工较远的工作区域，增加员工的搬运距离；设备漏油污染地面，不从源头入手解决问题，只是频繁地责怪员工未打扫干净；为了迎接客户参观，做面子工程，给员工分派额外的工作等。这些做法，无异于杀鸡取卵。

有些员工可能有过上述经历，一听到 5S 管理，就会想起不愉快的过往。面对这种情况，企业需要向员工说明，推行 5S 管理不是为了增加工作量，更不是为了应付客户检查做面子工程，而是站在员工的角度，为员工解决工作过程中的环境污染、精力浪费等问题。

用一周的时间，打造几个样板区，让员工看到推行 5S 管理的效果，即可消除员工对推行 5S 管理的顾虑。

2.4.5 阐述企业推行 5S 管理的决心，增强员工的信心

向员工展示企业为了高效推进 5S 管理项目拨派的一系列资源，重点介绍项目推进过程中的奖项和奖金，充分调动员工的积极性，增强员工的信心。

将本节内容总结成一句话，即**不要处罚员工，要加强沟通，充分尊重和理解员工**。

2.5 召开项目启动会，营造良好氛围

项目正式开始前，一定要召开全员参加的项目启动会，向员工宣讲5S管理项目的相关情况，让员工感受到企业对5S管理的重视，营造全员参与的良好氛围。

2.5.1 会议流程

常见的项目启动会流程见表2-11。

表2-11 项目启动会流程

开始时间	结束时间	具体内容	负责人
9:15	9:30	入场	主持人
9:31	9:50	5S管理项目介绍	主持人
9:51	9:55	宣布项目组织架构	高层领导
9:56	10:05	组织任命、明确职责	高层领导
10:06	10:07	宣布样板区及负责人	高层领导
10:08	10:12	样板区授牌仪式	高层领导
10:13	10:17	宣誓仪式	主持人
10:18	10:20	咨询顾问发言	咨询顾问
10:21	10:30	企业领导讲话	总经理
10:31	10:40	大会结束、全员合影	主持人
10:41	11:40	5S管理基础知识培训	精益办主任

2.5.2 会前准备事项

会前准备事项包括制作启动会PPT、宣传横幅，布置会场，发会议通知等。

启动会的PPT可以参照启动会流程制作；宣传横幅可以参照物料清单中的横幅制作，也可以做宣传海报或者LED背景，如图2-23和图2-24所示。

图 2-23

图 2-24

启动会一般安排在月中旬的周一召开，因为大部分企业月初和月末比较忙，可能没有充足的人员参与为期一周的样板区改善工作。

2.5.3 会中注意事项

会议按照正常流程推进即可，主持人开场介绍 5S 管理项目的背景和目标，高层领导宣布项目组织架构、明确人员职责，并为样板区负责人授牌，如图 2-25 所示。

图 2-25

为提高全员的责任感与荣誉感，主持人带领全员进行宣誓，如图 2-26 所示。宣誓词可以自己写，也可以参考如下内容。

我宣誓，我一定按照企业的要求，为 5S 管理顺利导入和推行，为提高全员素质，为提高团队战斗力，为提高生产综合效率，为提升企业竞争力而努力奋斗。
宣誓人：××。

图 2-26

启动会结束后，建议立即开展为期 5 天的样板区改善工作，尽快让领导看到改善成果，争取更多的改善资源，同时努力让尽量多的员工感受到推行 5S 管理的好处，激励非样板区的员工积极参与现场 5S 改善。

第 3 章

CHAPTER

标杆打造

一周内看到 5S 改善成果

为什么很多企业投入了大量资源推行 5S 管理，却迟迟看不到改善成果，或取得了一些成果，但距离目标依然有很大差距？大概率是因为所有部门同时进行改善，负责人无法及时给予改善指导，员工在没有得到培训的情况下，容易事倍功半。

企业集中资源用一周的时间打造几个样板区，用高标准验收通过后，明确改善标准，让非样板区按照样板区的改善内容和标准进行现场 5S 改善，改善进度和改善效果才能得到保障。

3.1 制订改善周计划，高质量完成样板区改善

为确保样板区在 5 天内完成现场 5S 改善工作，企业需要制订详细的改善计划，细化到每天的工作内容和验收标准，同时成立改善小组，确保有充足的人员参与改善，避免改善拖期。

各样板区要确保改善效果达到企业要求，企业可以实施激励措施，让各样板区良性竞争。改善过程中，企业应按时召开早例会，培训现场 5S 改善的具体实施方法和改善工具的使用方法，并制订当日详细的工作计划，确保改善进度；按时召开晚例会，总结当日工作完成情况，及时解决改善过程中的问题。改善周计划参考范例如图 3-1 所示。

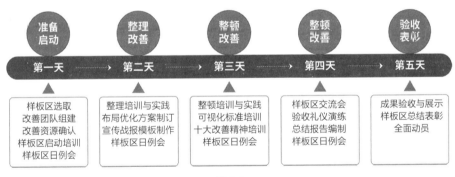

图 3-1

3.1.1 第一天：准备启动

▽ 1. 样板区选取

在启动前完成样板区选取工作，一般以能够复制、推广经验且最脏、乱、差的区域为样板区，如典型的办公室、车间，便于非样板区参考改善成果。如果人员有限，可以选择最难、最重要的区域集中力量完成改善，如备品备件库、维修间、化验室等。样板区选取后填写样板区调查表，见表 3-1。

表 3-1 样板区调查表

序号	样板区	责任人	面积	人数	区域照片	基本信息
1	办公室	张三 李四	60㎡	3人		办公桌4个、文件柜6个、茶桌1个、电脑3台、文件夹3个、打印机1台

▽ 2. 改善团队组建

为避免改善拖期，改善团队的人员必须齐备，包括推进部门的负责人、各部门指导员、样板区员工。推进部门的负责人负责样板区改善的组织与指导工作；各部门指导员通过参与样板区的打造学习具体的改善流程和方法，以便指导各部门的5S改善工作；样板区员工是样板区改善的主力。如果改善团队人员有限，可以由监督管理层（委员长／副委员长）负责领导、协调。

▽ 3. 改善资源确认

启动前要确保改善资源到位，包括改善材料采购到位、改善人员协调到位、项目奖金申请到位。

▽ 4. 样板区启动培训

组织样板区改善团队进行培训，培训内容如下。

①改善流程：详细讲解改善周计划与主要工作内容。

②验收标准：明确主要工作内容的完成时间和验收标准。

③例会安排：明确早／晚例会时间、会议流程及会议内容。

④评审机制：明确样板区评审标准，样板区评分表见表3-2。

表 3-2 样板区评分表

序号	样板区	责任人	周一	周二	周三	周四	周五	评分	名次
1	1号焊接工位	第一责任人：张三 第二责任人：李四							
2	3号装配线	第一责任人：王五 第二责任人：赵六							

续表

评分规则
0 分：无人做事
0.5 分：1～2 人参与，无效果
1.0 分：2～3 人参与，效果不明显，安排工作无人落实
1.5 分：3～4 人参与，效果一般，1～2 项工作得以落实
2.0 分：4～5 人参与，人员安排不合理，进度慢
2.5 分：5 人以上参与，效果明显
3.0 分：现场变化大，任务提前完成，有改善亮点

▽ 5. 样板区日例会

日例会单次时长不超过半个小时，早例会在上班半个小时后召开，晚例会最晚在距下班 1 小时时召开，预留半个小时让参会人员安排各自的工作。

早例会内容包括专题培训、当日工作安排和工作资源调配。其中，专题培训是为了完成当日工作内容对改善团队进行的培训，例如，整理改善方法培训、整顿改善方法培训、可视化标准培训、十大改善精神培训。

晚例会内容包括当日工作总结、工作困难解决和当日战报整理。各样板区应分别汇报当日工作是否按照计划高质量完成、在改善过程中是否遇到需要推进部门协调解决的困难等。推进部门应宣读当日各样板区的评分，并将当日的工作成果整理成战报向领导汇报。

3.1.2 第二天：整理改善

推进专员应利用第二天与第三天的早例会对改善团队进行整理、整顿改善培训，主要培训整理、整顿改善方法和操作步骤，以落地改善方法为主，理论讲解为辅。培训结束后，推进专员应到各样板区手把手指导员工并及时解决改善过程中的问题。整理改善工作要在第二天全部完成，整顿改善工作要在第四天全部完成。整理、整顿改善的详细流程和方法在本章第 2 节至第 4 节详细介绍，企业可以参考相关内容编制培训课件。

3.1.3 第三天：整顿改善

1. 十大改善精神培训

整顿改善开始前，为改善团队明确十大改善精神，具体如下。

①打破固有观念。

②不说不行的理由，寻找可行的办法。

③不要狡辩，要敢于否定现状。

④不要苛求完美，要立即实施。

⑤错了马上改。

⑥从不花钱的改善做起。

⑦穷则变，变则通。

⑧追根溯源，反复问5次"为什么"。

⑨十个人的智慧比一个人的智慧全面。

⑩改善是无限的。

2. 宣传战报制作

晚例会结束后，由推进部门制作宣传战报向各部门宣传样板区现场5S改善的进度和阶段成果。例如，用改善前后对比图片、改善过程视频等展示阶段成果。

3.1.4 第四天：整顿改善

1. 样板区交流会

推进部门组织改善团队到各样板区进行交流、学习，相互学习改善亮点，查漏补缺，不断优化改善效果。样板区交流会如图3-2和图3-3所示。

图 3-2　　　　　　　　　　　　图 3-3

样板区交流会流程：绘制交流路线、明确样板区讲解员、讲解样板区改善亮点、分享持续改善经验、制订进一步改善计划。

在样板区交流会中，样板区讲解员要分享改善内容和改善成果，改善团队要认真学习、记录改善亮点。若有非改善团队成员根据改善标准查找出了样板区改善的不足之处，并提出了改善建议，改善团队要认真记录改善要点。交流结束后，各样板区的负责人根据其他样板区的改善亮点及记录的改善建议制订进一步改善计划，在第五天上午完成。

▽ 2. 验收礼仪演练

为了更好地向各部门领导展示改善成果，推进部门要提前一天策划现场验收活动，向改善团队讲解验收流程，各样板区改善团队要进行验收礼仪演练。

①验收准备工作：确定验收欢迎成员（改善团队成员）和成果展示人员（改善团队负责人）、确定验收路线（会议室集合出发）、确定各样板区入口及出口（验收样板区集合点）、明确着装（企业工作服）。

②验收流程：入口列队、鼓掌欢迎、喊欢迎词（"欢迎指导"连喊3遍）、自我介绍（成果展示人员）、亮点展示（讲解顺序为先整体后局部，重点说明改善效果）、出口列队（在出口列队等待）、领导点评、喊感谢词（"谢谢指导"连喊3遍）、鼓掌欢送、解散离场。

推进部门应按照验收流程组织验收礼仪演练，并指导成果展示工作，成果展示人员可以提前准备发言稿，避免因紧张而发挥失常。验收礼仪演练案例如图3-4和图3-5所示。

图 3-4

图 3-5

3.1.5 第五天：验收表彰

▽ **1. 验收表彰流程**

①**改善过程回顾**：按照时间顺序，用照片或视频展示改善过程。

②**改善亮点展示**：对比改善前的现场照片与改善后的亮点照片，说明改善效果。

③**改善团队负责人发言**：分享样板区改善的感想和收获，可以准备发言稿。

④**样板区表彰与领导讲话**：根据样板区改善成果和评分，确认表彰事宜。

⑤**全面动员**：由推进部门制订非样板区的现场5S改善计划。

▽ **2. 成果验收与展示**

推进部门按照验收流程邀请领导到各样板区进行验收，各样板区按照成果展示要求向领导汇报改善成果，验收结束后，推进部门组织召开总结表彰大会。

按照上述流程对样板区进行改善，能够在一周内取得领导认可、员工满意的改善成果。企业可以根据实际情况调整周计划。

3.2 明确判断标准，快速区分"要与不要"

有些企业的领导为了应付检查，会不定期让员工将物品藏起来或者直接扔掉，这样操作，虽然工作现场能够很快变得整齐、有序，但员工再次需要使用相关物品的时候，必须花费大量的时间和精力去寻找，不仅会浪费时间和资源，还会影响工作效率和产品品质。

不要搞"一言堂"，"要与不要"不应该由领导决定，而应该由员工根据实际工作情况判断。

实际工作中，员工应先根据岗位的工作内容梳理必要品清单，再根据物品的属性和使用频率完成分类，将每个物品放在恰当的位置。物品使用频率越高，距离使用者应越近。

在整理的过程中，如果发现不仅占据着有限的作业空间，还需要定期维护、保养，但无法创造任何价值的昂贵的闲置设备和工具，要注意妥善处理。

例如，某制造企业购买了一台新的激光切割机，但由于生产线调整，该设备很长时间没有被使用。该设备占据着大量的空间，每年需要花费资金维护、保养，生产经理虽然认为后续开支都是不必要的开支，但不舍得将其出售，因为卖二手定价较低。这台设备最终成为无法创造任何价值的浪费资源的存在。

对于这类不再使用的闲置设备或工具，应该考虑将其出售或回收，以降低维护成本。

有效的整理，不是简单地将物品清空或隐藏，不能根据物品价格的高低决定是否保留，而是要根据工作是否需要决定要或不要，**最终的目标是确保现场有的物品都是工作需要的，工作需要的物品现场都有**。

整理前后，都要拍照或拍视频，形成对比，更直观地说明整理的作用。用手机拍照时，建议使用横屏 4∶3 的比例，便于 PPT 排版。拍照应先拍整体，如办公室，后拍局部，如办公桌、文件柜、抽屉等，拍摄完成后整理成 PPT。改善对比表见表 3-3。

表 3-3　改善对比表

改善前	改善后
	（暂时空着，改善后放亮点图片）
问题说明：环境脏、乱、差，无定位标识管理	亮点说明：（改善后总结改善亮点）

3.2.1 逐个拿取，初步判断"要与不要"

没有做过整理的工作现场，各种物品堆放在一起，改善人员很难区分"要与不要"。最快的整理方法是逐一拿取物品，根据工作内容初步判断该物品是否需要、能否正常使用，并完成分类。

将工作需要的完好物品放在一边，将工作不需要或不能正常使用的物品放在另一边，快速地对堆积在一起的物品进行初步区分。工具柜、线边物料的整理案例如图 3-6 和图 3-7 所示。

图 3-6

图 3-7

3.2.2 彻底清扫,让工作环境焕然一新

"清空"工作现场的物品后,改善人员要对工作现场进行彻底打扫,重点清理设备与工具表面的油污、灰尘和锈蚀,确保所有设备与工具处于良好的工作状态。

墙面污染严重的地方,可以重新粉刷。在车间地面条件允许的情况下,刷一层地坪漆有利于地面的洁净。对于桌椅、板凳、柜子等物品,要进行彻底擦拭,确保干净、整洁。工作现场能够保持良好的卫生状态,员工才有干净、整洁、舒适的工作环境。车间设备喷漆防护及地面刷漆防尘的改善案例如图3-8和图3-9所示。

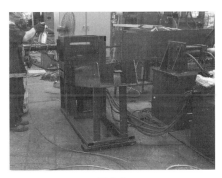
图 3-8

图 3-9

3.2.3 制定标准,完成物品分类摆放

工作现场的物品,应根据使用频率放置,物品的使用频率越高,放置位置应距离员工越近,合理利用空间。为了让员工更加准确地判断物品的放置位置,各部门可以制定物品"要与不要"判断标准,见表3-4。

表3-4 "要与不要"判断标准

使用程度	使用频率	建议放置区域	建议放置地点
常用	时刻在用	随身携带	工作台旁 流水线旁 常用设备旁
	1次/小时	随手可得的区域	
	1次/天		

续表

使用程度	使用频率	建议放置区域	建议放置地点
一般	1次/周	班组区域内	工具柜/架
	1次/月		
少用	1次/季度	车间区域内	集中存放仓库
不用	1年未用	无	无(转移/变卖/废弃)

3.2.4 明确需求，梳理必要品清单

对照"要与不要"判断标准对现场物品进行初步整理后，为了确保工作需要的物品齐全，并防止现场有闲置物品，改善人员要先根据工作内容梳理必要品清单，再根据必要品清单对现场物品进行核查，确认是否需要补充或丢弃。某企业打磨岗位的必要品清单见表3-5。

表3-5 打磨岗位必要品清单

序号	物品名称	规格	单位	数量	使用频次	存放位置	补充方式
1	打磨机	5寸	台	1	时刻	工作台	以旧换新
2	打磨盘	5寸	个	1	时刻	工作台	以旧换新
3	砂纸	5寸	盒	8	时刻	收纳盒	班组长配发
4	气动润滑油	120ml	瓶	1	1次/天	工具柜	班组长配发
5	打磨机扳手	10～46mm	套	1	1次/天	工具柜	以旧换新
6	记号笔	双头，黑色	支	2支/人	时刻	上衣口袋	班组长配发
7	3M口罩	N95	个	8	1次/天	工具柜	班组长配发
8	手套	均码	双	8	3次/天	工具柜	班组长配发

3.2.5 处理"不要物"，杜绝浪费

为杜绝浪费，要及时处理整理出来的物品。可以继续使用的物品，如多余的扳手，可以退回仓库；无法再使用的物品，如废纸、废金属，可以废弃或者变卖；可以继续使用，但是工作不再需要的物品，如替换下来的打印机等设备，可以转卖。

企业不仅需要及时处理"不要物",还需要分析"不要物"出现的原因,从源头入手解决问题,避免类似情况再次出现。

例如,笔者在给某企业做现场 5S 改善指导时,发现某员工抽屉里有 5 个订书机——该企业每半年发放一个订书机。针对类似情况,可以通过要求员工以旧换新杜绝浪费。

针对不同类型的物品,可以使用不同的处理方法。

①线边物料:根据生产计划按需配送,存储量一般不超过一个生产周期的使用量,若生产结束还有剩余,退回仓库。

②工装、工具:确保工装、工具的尺码、型号齐全,损坏之后用以旧换新的形式领取。

③低值易耗品:各部门定期提报、采购、领用,按各岗位需求发放。

企业应定期梳理、登记"不要物",组织相关部门讨论这些"不要物"的处理方法,并分析其产生的原因、明确如何杜绝浪费。"不要物"登记处理分析表见表 3-6。

表 3-6 "不要物"登记处理分析表

部门	区域	物品	数量	处理意见	产生原因	杜绝浪费的方法
设备部	维修区	打印机	4 台	退回仓库	过多发放	以旧换新
……	……	……	……	……	……	……

通过整理改善,更加合理地利用现场空间,一方面可以确保现场配备的物品能够满足工作需要,另一方面可以避免出现多余的物品,避免浪费。

3.3 优化布局，让工作现场井然有序

整理样板区时，推进部门要及时分析样板区的布局是否合理，如果需要调整，提前制订布局规划方案并与改善团队讨论方案的可行性，先对样板区的布局进行优化调整，再做"三定"管理。

3.3.1 布局评估维度及生产车间布局方式

布局是否合理的 4 个可参考评估维度如下。

维度一：现场布局是否会导致大量的搬运、等待、库存等浪费。

维度二：各功能区规划得是否清晰且互不干扰。

维度三：物料能否遵循先进先出的原则进行管理。

维度四：工位布置是否遵循人机工程学与效率最大化原则。

生产车间的 5 种布局方式如下。

①**流水线式布局**：将生产流程分解成一系列相互关联的节点，产品在流水线上按顺序加工，实现高效生产。这种布局适用于生产大批量、标准化的产品。

②**功能区域式布局**：将车间划分为不同的功能区域，每个区域对应一个特定的生产环节，如钣金加工行业的下料区、折弯区、冲孔区、焊接区、打磨区、喷涂区、装配区。这种布局适用于生产小批量、多品种、定制化的产品。

③**生产单元式布局**：将生产车间划分为多个生产单元，每个生产单元对应一类产品的完整生产，提高生产灵活性和响应速度。这种布局适用于生产小批量、多品种的产品。

④**U 形布局**：生产车间内的每个工站都能够方便地与邻近的工站进行沟通和协作的布局。这种布局有助于提高沟通效率。

⑤**生产细胞式布局**：将一组相关的工序组合成一个生产细胞，每个生产细胞有自主生产的能力。这种布局有助于减少物料在车间中的移动和等待时间，提高生产效率。

3.3.2 生产车间布局原则

①**流程顺畅**：确保生产流程是合理、顺畅的，减少不必要的物料搬运和等待时间，提高生产效率。

②**人机协同**：设计遵循人机工程学原则的工位，让操作员与机器的协作更加紧密，提高工作效率和产品质量。

③**设备有序**：合理布置生产设备，确保各设备能协同工作，并为设备维护和保养提供足够的空间。

④**系统生产**：不断完善库存管理系统与物料配送体系，确保原材料和半成品转运顺畅，避免生产中断。

⑤**柔性生产**：生产车间布局应具有一定的柔性，能够适应订单、产品和生产需求的变化。

⑥**可持续生产**：生产车间布局应能够适应企业的长期发展需求。

⑦**安全生产**：确保生产车间布局符合安全标准，设置紧急出口、安全通道。

⑧**环保生产**：选择环保型设备和工艺，以减少生产对环境的影响。

生产车间如何布局，取决于生产车间的具体情况，包括生产规模、产品类型等。做样板区改善时，一般不会对车间布局进行调整，调整车间布局是一项系统工程，需要系统评估和规划。

3.3.3 工位布局原则及案例

在样板区改善过程中，最常做的是工位布局优化工作。**工位布局要遵循人机工程学原则，减少职业病的出现概率。**

人机工程学中，有 5 个适用于工位布置、优化的原则，分别为**合理的作业平台高度、良好的工作姿势、姿势可调性、合理的间隙和取放空间、便于够到**。

作业平台过高时，员工需要抬着胳膊作业；作业平台过低时，员工需要弯腰作业，这两种作业方式都会增加员工的劳动强度，影响员工的身体健康和工作效率。不合理的作业平台高度如图 3-10 和图 3-11 所示。

图 3-10

图 3-11

让员工最舒适的作业平台高度应与员工胳膊肘的高度相当，精密要求较高时，可以适当提高作业平台的高度，便于观察；需要用力作业时，可以适当降低作业平台的高度，便于用力。

坐姿作业时，平台高度以 75cm 为基准，可上下调节 5cm；站姿作业时，平台高度以 90cm 为基准，可上下调节 10cm。以上高度，可以满足 90% 以上的作业需求。

若员工没有足够的工作空间，拿取物料不方便，极易疲劳。不合理的间隙和取放空间如图 3-12 和图 3-13 所示。根据设备位置、工作台尺寸、物料存放位置等重新布局时，应让工作空间满足 95% 男性的工作空间需求。

图 3-12

图 3-13

若员工作业时没有理想的工位，无法保持良好的工作姿势，长期用弯腰、抬胳膊、伸头等不良姿势作业，不仅效率低、劳动强度大，还极易患职业病。不恰当的工作姿势如图 3-14 至 3-16 所示。

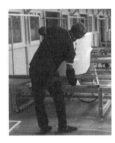  

图 3-14　　　　　　　图 3-15　　　　　　　图 3-16

企业应对工位进行设计与布局优化，让工具、设备和工位布局为员工提供尽量好的工作体验，帮助员工习惯最佳的工作姿势，如保持手腕直、手臂和手肘低、背部曲线自然等。

配置升降平台，能够满足不同身高的员工的作业需求；配置支持倾斜的工作台，能够适应不同的作业内容；零件存储高度应不高于大部分员工的肩部，便于员工拿取。

工位布局时，应让员工便于够到需要频繁使用的产品、零件和工具。一般来说，要根据95%女性员工的需求决定物品放置位置。例如，缩短员工的移动距离，最好小于75cm；操作按钮或平台应尽可能可调节高度；采购高度可调节的架子；用滑道或料斗传递物品；用能够旋转的柱形柜存储零件。

局部的布局优化要让相关人员参与讨论，只有让员工感觉安全、舒适、高效的布局才是合理的布局。

3.4 "三定"管理，规范现场秩序，提高工作效率

"三定"管理，即定点管理、定容管理、定量管理。

3.4.1 定点

定点，不是为了整齐划一，更不是为了应付检查，定点是根据物品的使用频率，将物品放在合适的位置，让员工取用便捷，减少寻找与走动。定点，又称定位。

实际工作中，不合理的定位操作很多，比如，员工将裁剪后的板材放在周转托盘上，周转频率大概为 1 次 / 分钟，周转托盘的定点位置距下料区 2.5m 左右，看似整齐有序，但是增加了员工的搬运距离和劳动强度。不合理的定位案例如图 3-17 所示。

图 3-17

根据物品的使用频率越高，应距离员工越近的原则，周转托盘应该放在下料区旁边，让员工不用走动就可以将裁剪后的板材放在周转托盘上。条件允许的情况下，企业可以购买可升降、旋转的升降平台，减少员工弯腰的动作浪费，进一步降低员工的劳动强度。

物品的定位要遵循唯一性原则，一个物品一个位置，即使物品被取走，该位置也不能被其他物品占用——防止物品使用结束后无法归位，导致下次使用时找

不到。企业可以通过张贴物品名称标识，明确各位置的归属。

员工的工作习惯不同，物品定点的位置也不同。

例如，张三和李四分别为某岗位的白班员工、夜班员工，张三是左撇子，同样的物品，由于操作习惯不同，定点的位置需要沟通确定。定位时，一定要充分尊重员工的作业习惯。

常见的定位方法有以下 3 种。

▽ 1. 四角定位

将物品的 4 个角用 L 型定位贴定位或用油漆定位，适用于为规则的物品定位。

定位贴尺寸为 1cm×3cm，适用于为工作台上的物品定位，如文件筐、电话机。定位贴内边缘应距离物品外边缘 0.5cm。办公桌物品定位如图 3-18 所示。

图 3-18

定位贴尺寸为 2cm×6cm，适用于为房间内的地面物品定位，如摆件、饮水机、打印机。定位贴内边缘应距离物品外边缘 3cm。办公室地面物品定位如图 3-19 所示。

图 3-19

定位贴尺寸为 5cm×15cm，适用于为车间内的地面物品定位，如周转托盘、工具箱。定位贴内边缘应距离物品外边缘 5cm。车间地面物品定位如图 3-20 所示。

图 3-20

▽ 2. 区域定位

用油漆或胶带将物品存放区域画出来，适用于为不规则的物品定位。

区域定位的定位贴尺寸标准与四角定位的定位贴尺寸标准一致。车间地面物品区域定位如图 3-21 和图 3-22 所示。

图 3-21

图 3-22

▽ 3. 形迹定位

将物品放到勾勒出的形迹上，适用于为不规则的物品定位。

形迹定位可以使用硅胶板、EVA 泡棉等。物品形迹定位如图 3-23 和图 3-24 所示。

图 3-23

图 3-24

3 种定位方式，可以根据物品的特点和定位需求灵活组合使用，在条件允许的情况下，建议尽量用油漆定位，因为胶带定位贴不耐磨，容易损坏。

3.4.2 定容

定容，指为物品设计、规划存储容器及存放位置，方便物品有序存放、高效周转，并加强周转过程中的质量控制。

容器设计或购买主要考虑 3 方面：容器的形状取决于物品的形状、规格；容器的大小取决于物品的尺寸、数量；容器的材质取决于物品的品质要求。

选择车间物料或半成品的容器，主要考虑周转的便利性、安全性，以及物料、半成品的配送模式。

改善前，托盘作为导辊的周转容器，需要用叉车搬运，搬运过程中导辊容易掉落，员工拿取导辊需要弯腰作业，劳动强度较大。改善后，根据导辊的形状设计了周转容器，存储方便，搬运更安全——周转容器带轮子，不用叉车就可以短距离搬运。导辊周转容器改善案例如图 3-25 和图 3-26 所示。

图 3-25

图 3-26

改善前，物料盒比较大，大概可以存储半天的物料，部分物料盒占用操作平台，上下两排摆放，导致下排物料拿取不方便。改善后，根据物料配送频率，计算出两次配送间隔的物料使用量，假设使用量为100件，物料容器的大小只要满足100件物料的存储即可，减少空间占用，提高作业效率。工作台物料容器优化案例如图3-27和图3-28所示。

图3-27

图3-28

3.4.3 定量

定量，指规定物品的管控数量，以便通过数量状态快速发现和解决问题，提高管理透明度。

不同物品的定量方法如下。

①不合格品：根据产品合格率与计划产量，设定不合格品的最大可接受数量，超过该数量，立即采取纠正措施。

例如，某产品的合格率要求为99.5%以上，每班生产10000件，可以计算出当班的不合格品可接受数量不超过50件，一旦超过50件，立即对产品品质进行分析与改善。

②标准件：确定标准件的使用标准和标准配料比例，避免过多或过少地使用配料。

例如，线边的仓库存储不要超过1周的使用量，工位存储不要超过1个班次的使用量。

③备品备件：根据设备维护保养计划和设备易损件生命周期，确定备品备件库存水平。

例如，某企业冲压机某处密封圈的生命周期为 10 个月，企业可以根据密封圈的实际使用时间，提前一个月采购到位，合理控制备品备件的数量，提高备品备件的周转率。

④**工具和夹具**：根据各岗位工作内容确定需要的工具和夹具的类别及数量，确保够用且不浪费，在整理改善时列入必要品清单。

上述物品的定量管理可以在 5S 改善过程中完成，原材料、半成品、成品等物品的定量管理需要结合价值流分析。通过对不同物品进行定量管理，企业可以减少物资浪费，提高物资使用效率，进而实现整顿改善的目标。

3.4.4 标识管理及改善案例

完成"三定"改善后，要为物品、物料、工具、设备张贴标识，进一步明确相关信息，帮助员工快速识别物品、物料、工具、设备，提高管理透明度及工作效率、工作准确性。

▽ 1. 标识管理的四大原则

①**一致性原则**：标识系统应有一致性，包括标识的布局、材质、尺寸、颜色、字体、字号、张贴位置等，以减少混淆情况、提高识别效率。

②**明确性原则**：标识内容要明确、简洁，能够清晰地传达信息。注意，应避免使用模糊或有歧义的语言、符号。

③**可视性原则**：标识应张贴在容易看到的位置，充分考虑员工的视线高度和工作场景。

④**持久性原则**：制作标识应选择耐久性强的材料和印刷方式，确保标识在各种环境中都清晰可见，减少维护成本。

▽ 2. 车间标识

车间标识主要包括地面物品标识、工作台物品标识、物料及工具标识、设备标识等。

①**地面物品标识**：自喷漆喷字标识（耐久）、标签纸标识（易磨损）、铜版纸塑封标识（易磨损）、A4 纸立牌标识（占空间）等都是常用的车间地面物品

资源提取码：241030

标识。不管使用哪种标识，都要遵循标识管理的四大原则，制定统一的标准，各车间按照标准执行。地面物品标识如图 3-29 至图 3-32 所示。

图 3-29

图 3-30

图 3-31

图 3-32

②工作台物品标识：工作台物品一般用标签纸标识，如果工作台主要用于钳工、维修等，需要用自喷漆或其他耐磨材质做标识。工作台物品标识的制作材料

多为白色、18mm宽的标签纸，统一规格尺寸、字体字号，且统一张贴位置（居中）。工作台物品标识如图3-33所示。

图3-33

③物料及工具标识：物料及工具一般用标签纸标识，标注清楚物料/工具名称、物料/工具编码、工具型号等信息。物料及工具标识如图3-34和图3-35所示。

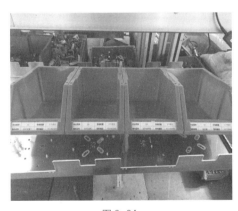 

图3-34　　　　　　　　　　　　　图3-35

④设备标识：设备标识主要用于展示设备状态和设备生产信息，市场上有设备状态管理标识卡供企业选购，企业可根据设备管理要求购买相应规格、型号的设备状态管理标识卡。设备标识如图3-36所示。

图 3-36

以上是一些通用的标识，不同行业有不同的标识管理细则，企业需要结合实际情况设计自己的标识系统，高度标准化，让管理更加轻松、高效。

整顿改善一定要充分尊重员工的意见，所有的改善方案都要以消除安全隐患、降低劳动强度、提高工作效率为前提。只有站在员工的角度推行 5S 管理，为员工解决问题，员工才愿意接受并积极参与现场 5S 改善。

通过整理、整顿，以及标识管理，高标准打造样板区，能让样板区员工感受到 5S 管理的好处，让非样板区员工看到 5S 改善的成果，为标准建立提供依据，为全面推行 5S 管理奠定基础。

3.5 现场 5S 改善要点及案例

现场 5S 改善的方法、步骤适用于所有行业,但是不同行业、不同企业有其特殊性,具体的落地方案有差异。本节通过介绍六大行业的现场 5S 改善要点和案例,进一步明确现场 5S 改善通用的方法和步骤。

3.5.1 机加工现场 5S 改善要点及案例

机加工现场 5S 改善的痛点及难点:设备跑冒滴漏污染,切屑液和切屑丝污染,工装治具、刀具、模具的管理,物料、产品周转容器设计。

▽ 1. 设备跑冒滴漏污染改善

设备的跑冒滴漏问题比较容易解决,但是不容易根除。实际工作中,设备的安全隐患、零件故障、锈蚀垃圾等,都必须重视。在整理过程中,要把设备油污彻底清理干净,必要时,可以对设备结构件进行拆卸清理。在清理的过程中,要查找到设备的跑冒滴漏部位,完成维修。

解决设备的跑冒滴漏问题,要系统导入 TPM 管理,要求全员参与自主维护保养,包括设备初期清扫——彻底清理设备油污、灰尘,识别设备故障点;设备两源改善——从源头入手解决污染和操作困难问题;易损件生命周期管理——做到提前更换,事前预防;设备点检及注油标准制定——制定员工看得懂、易操作的标准,让员工按照标准定期点检注油,提前识别问题点并进行维护。设备跑冒滴漏污染识别与改善案例如图 3-37 至图 3-39 所示。

图 3-37

图 3-38

图 3-39

▽ 2. 切屑液和切屑丝污染改善

杜绝切屑液和切屑丝的产生很难，因此要重点分析如何控制污染范围，使清扫更方便。例如，用接盘存放切屑液，防止污染地面；根据切屑丝的飞溅路径设计挡板和接盘，防止污染区域扩大，便于员工集中清理。切屑液和切屑丝污染改善案例如图 3-40 至图 3-42 所示。

图 3-40　　　　　　　　图 3-41　　　　　　　　图 3-42

▽ 3. 工装治具、刀具、模具的管理改善

工装治具、刀具、模具的管理改善重点是把整理改善做彻底。例如，根据产品订单量初步判断相关工装治具、刀具、模具的使用频率和需求数量，将每天都要用到的工具放在工位旁、按周使用的工具放在工具柜中、按月使用的工具集中存放管理，并要求用完归位时将工具表面的油污擦拭干净。工装治具、刀具、模具的管理改善案例如图 3-43 至图 3-45 所示。

图 3-43　　　　　　　　图 3-44　　　　　　　　图 3-45

4. 物料、产品周转容器设计改善

很多机加工企业用托盘周转物料、产品，周转过程防护困难，弊端明显：物料、产品易掉落；过度依赖叉车，周转效率不高，并且无法短距离移动；员工取、放、装、夹时存在搬运浪费、弯腰动作浪费，劳动强度较高。托盘存储、周转物料、产品案例如图 3-46 至图 3-48 所示。

图 3-46　　　　　　　图 3-47　　　　　　　图 3-48

针对体积较大、使用较频繁的物料和形状较规则、订单量较大且稳定的产品，可以设计专用周转器具，最好带轮子，用于短距离移动；保留少量的托盘，周转体积较小的物料和订单量较少、形状不规则的产品。

除了改善周转容器，针对订单量较大、工艺流程相似的产品，企业可以设计单元生产线，根据工艺流程组合设备，自制生产单元，让产品从第一道工序到最后一道工序连续生产，实现单件流生产，此举有助于减少搬运浪费和在制品库存、缩短生产周期。

3.5.2 钣金加工现场 5S 改善要点及案例

钣金加工与机加工都以设备加工为主，现场 5S 改善的痛点及难点类似，接下来重点介绍工位改善方法及工序改善要点。

▽ 1. 钣金下料工位的现场 5S 改善

若下料后的钣金材料随意堆放在地面，一处只能存放一种规格的钣金材料，且切换钣金材料时需要使用叉车周转；若裁剪后的钣金材料均堆放在料框内，必须用行车转运，一方面占用空间大、周转效率低，另一方面员工搬运浪费多、动作浪费多，且周转过程中材料间摩擦频繁，容易造成材料划伤。不合理的钣金下料工位如图 3-49 所示。

图 3-49

根据下料后的钣金材料的尺寸、形状设计几款通用的周转车，如单层平板车、多层平板车、竖向多格隔板车、丰字形多层车等，存储量比叉车、行车大，并且分隔存放不易划伤材料，能减少周转次数、减少下料工位空间占用；将周转车放在下料设备旁边，能缩短员工搬运距离。钣金材料周转车如图 3-50 至图 3-53 所示。

图 3-50　　　　图 3-51　　　　图 3-52　　　　图 3-53

未裁剪的钣金材料应使用抽屉式多层存储架存储，能减少周转次数、提高生产效率。钣金材料存储架如图 3-54 和图 3-55 所示。

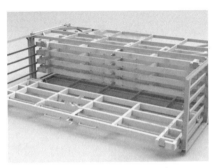 

图 3-54　　　　　　　　图 3-55

▽ 2. 折弯工位的现场 5S 改善

若折弯工位的来料均堆放在托盘里或地面上，员工工作时需要频繁转身、弯腰、走动，工作效率低、劳动强度大；若没有合适的上料平台，折弯尺寸较大的钣金材料时需要多人配合，浪费人力；若工具均随意放在折弯机上，影响作业效率。不合理的折弯工位如图 3-56 至图 3-58 所示。

图 3-56

图 3-57

图 3-58

用专用周转车将激光下料后的材料转运至折弯工位，能省去二次搬运；购置平面带滚珠的上料平台，能减少作业人数、降低劳动强度；购置工具挂板，将工具悬挂在工位侧面，方便取用，能提高作业效率。平面带滚珠的上料平台与工具挂板如图 3-59 和图 3-60 所示。

图 3-59

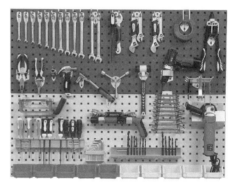
图 3-60

▽ 3. 焊接工位的现场 5S 改善

若焊接工位的来料区、作业区、成品区、工具存放区分区不明确，工作现场会杂乱不堪；若小件产品的焊接平台高度不合理，员工需要弯腰作业，劳动强度大；若焊机、标准件工具摆放随意，一方面存在一定的安全隐患，另一方面寻找物品很浪费时间。不合理的焊接工位如图 3-61 至图 3-63 所示。

图 3-61　　　　　　图 3-62　　　　　　图 3-63

定制台面可升降、可倾斜的焊接平台，员工在焊接不同尺寸的产品时均能有良好的工作姿势；焊接平台一侧增设挂板，用于悬挂需要频繁使用的工具、零件，能方便员工拿取，减少走动浪费；购置焊机车，用于存放焊机及配套使用的工具、气瓶等物品，能提高作业效率。焊接工位改善案例如图 3-64 至图 3-66 所示。

图 3-64　　　　　　图 3-65　　　　　　图 3-66

▽ 4. 冲孔、打磨、喷涂、装配等工序的改善要点

部分企业的钣金加工包括冲孔、打磨、喷涂、装配等工序，改善冲孔工序应重点关注模具管理，参见 3.5.1 小节机加工现场的模具管理方法；改善打磨工序应重点关注是否有除尘设备，以及打磨机、工具的分类管理；改善喷涂工序应重点关注设备管理，以及挂具的分类标识，方便员工取用；改善装配工序应重点关注物料是否齐全、生产模式是否是拉动式生产模式——构建流动性生产线。

3.5.3 装配现场 5S 改善要点及案例

装配现场 5S 改善的重点是物料管理。物料管理的关注点不是定位标识是否清晰，而是是否建立了以装配需求为核心的拉动式生产模式，以及车间布局和线体布局能否支撑材料顺畅地进入各生产环节，让现场没有过多的在制品积压。

举个例子，某企业的马桶水箱的生产模式是批量生产——先集中人员批量组装排水阀、进水阀的零件，再集中预装、组装排水阀、进水阀，接下来集中完成试水检验，最后，检验后的产品一部分集中包装入库，另一部分等待水箱组装。该企业马桶水箱及组件生产的工艺流程如图 3-67 所示，各生产环节不连续，导致在制品库存较多——生产批量越大，在制品库存量越多，生产周期越长。

图 3-67

实例中的企业将零件组装、试水检测、水箱组装分别安排于 3 个车间，车间整体布局不合理，搬运浪费多，物料流动性差。组装生产现场如图 3-68 至图 3-70 所示。该企业在不做生产线设计和布局优化的情况下推行 5S 管理，是很难获得理想效果的，不仅实用性不强，还可能给员工增加无意义的工作。

图 3-68　　　　　　　图 3-69　　　　　　　图 3-70

装配现场 5S 改善应该从生产线设计规划、车间布局优化开始，如果生产线设计和车间布局比较合理，可以从工位布置、物料配送管理着手改善。生产线设计规划和车间布局优化的目的是让物料连续流动，减少在制品库存；工位布置优化的目的是通过根据各工位的作业内容梳理必要品清单，科学、合理地摆放工作需要的工装治具、工具、物料，减少员工的动作浪费，让员工更轻松地工作；物料配送优化的目的是通过物料容器设计、配送规则建立、专人配送协作，减少装配人员的搬运浪费，让员工聚焦于更具附加价值的组装作业，提高生产效率。

继续研究实例中马桶水箱生产企业的生产情况，该企业上一年度的进水阀和排水阀的订单量如图 3-71 所示。通过图 3-71，可知上一年度该企业订单量排名前二的产品为进水阀 A2002 和排水阀 P7010。

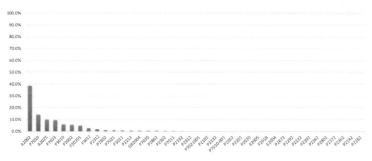

图 3-71

选定进水阀 A2002 和排水阀 P7010，分析其工艺流程。

进水阀和排水阀需要配套使用，若每日产量目标为 5000 套，工作时间为 8 小时，一套产品的生产节拍为 5.76 秒。进行进水阀和排水阀的装配工艺流程分析与时间测定，可得进水阀的生产节拍为 68.5 秒（由工时换算），排水阀的生产节拍为 65.2 秒（由工时换算）。进水阀与排水阀的工艺流程及时间测定如图 3-72 和图 3-73 所示。

组装工序	描述	时间	顺序	
\multicolumn{5}{c}{A2002装配工艺流程及时间测定}
取力臂		2.1	1	
装背压垫			2	
取补水盖		1.5	3	
装止水垫			4	
取插销		3.3	5	
组装力臂/补水盖			6	
合计工时		6.9		
取芯管		2.1	1	
套防虹吸/导水架			2	
套密封圈		1.5	3	
压防虹吸/导水架	工装	2	4	
套2个O型圈	小工装	2	5	
合计工时		7.6		
取拉杆		1.6	1	
装万象节			2	
装浮筒/拉杆	工装	2.4	3	
合计工时		4		
粘止回阀	线外作业	4.2	0	
取下套管		4.2	1	
装过滤网			2	
安胶垫		1.8	3	
拧螺母		2.9	4	
合计工时		13.1		
装上套管		1.2	1	
装套扣/卡扣/调尺寸		6.2	2	
放垫片		2.5	3	
放芯管			4	
装补水盖/套管		2.8	5	
装插片		1.5	6	
安装拉杆到力臂/调尺寸		5	7	
合计工时		19.4		
进水试水检测		12	1	
进水吹水		3.5	2	
扣盖		2	3	
合计工时		17.5		

图 3-72

P7010装配工艺流程及时间测定				
组装工序	描述	时间	顺序	◒开始 ○手工装 ○机器装 ●手工+工装 ●结束
装按钮座/自动机	线外作业		0	
装传动臂/人机	线外作业		0	
切排水座	线外作业	3.5	0	
印水位线	线外作业	3	0	
装全排	手工	7	1	
装半排	手工	7	1	
装3寸隔板	手工	2.4	2	
扣补水冒	手工	2	3	
装全排隔板	手工	5.3	4	
装半排隔板	手工	5.3	5	
装上框	手工	5.3	6	
装底片/压片/浮杆	手工	4.1	7	
扣硅胶片/装按钮座	手工	5.6	8	
装排水座	手工	5.5	9	
装胶垫	手工	2.0	10	
排水检测	人机	13.7	11	

图 3-73

试水检测是单独工序，进水阀试水检测时间为 17.5 秒，排水阀试水检测时间为 13.7 秒，进水阀试水检测处可以通过工装改进同步检测多个进水阀，缩短检测时间。

根据上述数据，初步设置 3 条进水阀生产线、3 条排水阀生产线，每条生产线设置 5 个工站，分别搭配 1 个检测工位。通过 ECRS 改善（取消、合并、重排、简化）和工装治具优化，每条生产线的生产节拍为 15 秒左右，能够满足生产节拍为 5.76 秒的产品的生产需求。

用同样的方法分析包装工序的工站设置需求。包装一个产品的时间为 13.15 秒，设置一个工站就可以满足需求。

综上所述，该企业可将生产线端头规划为包装来料暂存区，进水阀组装线和排水阀组装线平行设置，中间设置物流通道，水阀组装结束后立即进入试水检测工序，检测合格的产品进入包装线或水箱线。如此安排，生产周期、生产效率都能得到大幅改善。生产线体布局方案如图 3-74 所示。

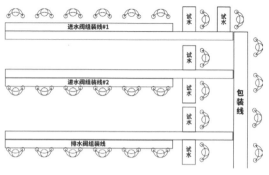

图 3-74

优化生产流程后,根据各工站的作业内容,梳理各工站的必要品清单;根据生产节拍和配送频次,梳理单次配送零件的数量;根据物料的尺寸和配送数量,确定物料容器的尺寸;对物料、工具、工装治具等物品做标识管理……该装配现场 5S 改善成果如图 3-75 所示。

图 3-75

需要特别说明的是,面对大型设备,如飞机、轮船,要以设备为中心做生产布局,即设备位置不动,根据装配工艺流程和时间,配送物料至生产现场。这种装配方式对物料齐套性和生产计划管理的要求非常高,物料配送车的设计是关键。配送物料时,要将物料按照装配顺序摆放整齐,张贴标签,以便装配员工能够快速拿取需要的物料,提高工作效率。

3.5.4 注塑现场 5S 改善要点及案例

注塑现场 5S 改善应重点关注设备是否有跑冒滴漏情况、管路/线路是否离地管理、注塑机台工位布置是否合理、设备目视化管理是否全面、模具库管理是否规范等。

▽ 1. 注塑机台管路、线路的现场 5S 改善

若水管、油管、气管没有离地管理，工作现场会非常杂乱，员工打扫卫生困难；若管路表面油污严重，时间越长越不易清理；若管路没有目视化标识，出现问题时不易快速识别并处理。注塑机台管路、线路改善前的状态如图 3-76 和图 3-77 所示。

图 3-76

图 3-77

使用挂钩让管线离地，管线越整齐有序，越便于打扫卫生；用隔热管套包裹管线，一方面能起到保温作用，另一方面便于清理表面油污；用不同颜色的管套包裹不同的管路，便于员工区分操作；在不易区分的管线的端头张贴标签，便于员工高效作业。注塑机台管路、线路的现场 5S 改善成果如图 3-78 和图 3-79 所示。

图 3-78

图 3-79

▽ 2. 注塑机台工位的现场 5S 改善

以马桶便盖的注塑与组装为例。用工装为注塑成型的马桶便盖做整形后，用塑料袋包装马桶便盖并将其放在纸箱中，周转至仓库等待 12 ～ 24 小时（防止直

接组装导致马桶便盖变形），等待时间足够后，将马桶便盖周转至另一车间进行组装、包装。马桶便盖注塑与组装改善前的状态如图3-80和图3-81所示。

图3-80

图3-81

为马桶便盖的注塑与组装做现场5S改善时，要思考能否连续作业，减少包装、拆包的动作浪费，减少入库、出库的库存浪费及等待浪费。**现场5S改善不是简单地将工位布置规整，而是从精益的核心——"流动"出发做优化。**

优化马桶便盖注塑、整形、组装、包装生产线的核心是解决不静置有可能变形这一问题。如果暂时无法构建单元生产线，可以优化周转方式，减少包装、拆包的动作浪费，比如使用多格布袋周转车，提高工作效率。

整顿改善时，要合理判断工作现场需要的整形工装数量，整形工装数量取决于整形时间和注塑生产节拍。如果需要的整形工装比较多，可以设计或购置上下两层作业的工装车，缩短员工的走动距离。在此基础上做定位、标识等改善的效果更好。汽车零部件注塑车间的注塑机台工位改善效果如图3-82至图3-84所示。

图3-82　　　　　　　　图3-83　　　　　　　　图3-84

▽ 3. 模具存放的现场5S改善

若注塑车间的模具存放区域没有分类管理，部分模具堆积摆放，不便于取用；

若模具货架没有清晰的目视化标识，员工很难快速找到需要的模具。模具存放区域的改善前状态如图 3-85 所示。

图 3-85

根据模具类型和数量划分区域，购买专用的模具架并设置库位号，将全部模具上架摆放，便于优化模具的出入管理；在货架端头张贴标识牌，明确各库位对应的模具，便于员工快速找到需要的模具。模具存放区域的 5S 改善成果如图 3-86 和图 3-87 所示。

图 3-86　　　　　　　　　　　图 3-87

3.5.5 食品医药行业现场 5S 改善要点及案例

食品医药行业现场 5S 改善应重点关注改善方案是否符合《药品生产质量管理规范》的审核要求；周转器具、工作台、工具架等物品的结构能否让清场更便捷；清场关键点是否做了目视化管理。

改善前，设备前方的格栅步梯不便于清场，且要把每一个方管清理干净耗时较长；改善后，平板步梯虽然购置成本较高，但是便于清场与清理。步梯改善案例如图 3-88 和图 3-89 所示。

图 3-88

图 3-89

改善前，拆机清场时，拆卸下的零件分别放置在 3 个周转托盘上，需要用液压车分 3 次转运至清洗站，零件易掉落、遗失；改善后，用多层带轮周转车转运，能减少周转次数、降低液压车使用频率及零件掉落风险、提高清场效率。周转器具改善案例如图 3-90 和图 3-91 所示。

图 3-90

图 3-91

改善前，生产产生的不同类型的垃圾被混放在各垃圾袋中，员工难以分拣；改善后，根据垃圾种类设计了有 5 个格子的垃圾桶，放在生产线旁边，方便员工操作和快速清场。垃圾桶改善案例如图 3-92 和图 3-93 所示。

图 3-92

图 3-93

食品医药行业工位的现场 5S 改善重点是按照整理、整顿改善的要点做好必要品清单梳理，并对必要品做"三定"管理和标识管理。工位改善案例如图 3-94 至图 3-96 所示。

图 3-94

图 3-95

图 3-96

注意，食品医药行业经常需要换批清场，为了提高清场效率，要特别关注清场改善。对清场的关键点做目视化标识管理，明确清场的内容、顺序、位置和标准是非常有必要的。

3.5.6 石油化工行业现场 5S 改善要点及案例

石油化工行业现场 5S 改善应重点关注设备的跑冒滴漏问题、安全目视化管理、工具管理、控制室管理、备品备件库管理等。

▽ 1. 车间现场的安全目视化管理

车间现场的安全目视化内容主要包括安全操作规程、安全警示标志（禁止、警告、指令、提示）、受限作业空间标识、危险警示黄黑标识、消防设施操作规程及红色警示标识、压力表安全范围警示标识、管道介质标识等。装置区安全目视化改善案例如图 3-97 至图 3-101 所示。

图 3-97　　　　　　　　　　　图 3-98

图 3-99　　　　　　图 3-100　　　　　　图 3-101

▽ 2. 控制室的现场 5S 改善

控制室的现场 5S 改善主要包括控制台管理、文档资料管理、应急处理柜管理等。控制台不允许存放与工作无关的物品，键盘、鼠标、计算器、对讲机等物品应摆放整齐；文件资料、应急物品应分类后分柜、分层、分列摆放整齐，并做好"三定"管理及标识管理；常用工具应有专用存储容器或存储架，分类摆放整齐并张贴标识，便于取用。中控室改善案例如图 3-102 和图 3-103 所示。

图 3-102　　　　　　　　　图 3-103

标杆打造，重点在于集中资源将最脏、乱、差的区域改善成为企业的样板区，让领导看到 5S 改善的成果，让员工感受到 5S 管理的好处，培养一批知道如何指挥现场 5S 改善的指导员，为标准建立提供依据，为企业全面推行 5S 管理奠定基础。

第 4 章

CHAPTER 04

案例改善

非生产区域的现场 5S 改善要点与案例

现场 5S 改善需要全员参与——一线生产人员要参与，各职能部门和配套车间的工作人员也要参与，如办公室、检测室、仓库、模具房、维修间、配电室等部门、车间的工作人员。

本章重点介绍办公室、检测室、仓库、模具房的现场 5S 改善方法，并针对案例进行解析，让企业在改善过程中有方法可使用、有案例可参考。

4.1 办公室现场 5S 改善要点与案例

做办公室现场 5S 改善要充分尊重员工的工作习惯，努力让员工工作得更加舒心、高效，而非一味地追求整齐划一。

4.1.1 办公室的整理改善步骤及案例

第一步：根据使用频率，逐一判断办公室各区域的物品是否需要留下。判断区域包括办公桌、抽屉、物品柜、资料柜等，根据物品的使用频率判断是否需要留下，并初步规划存放位置。区分"要与不要"改善案例如图 4-1 至图 4-3 所示。

图 4-1

图 4-2

图 4-3

第二步：对办公室进行彻底清理后，根据物品类别和使用频率将必要品分类摆放在合适的位置。共用的办公用品放入物品柜；以周或月为时间单位使用的文件资料放入文件柜；每天都会用到的物品放在办公桌上。必要品分类摆放改善案例如图 4-4 至图 4-6 所示。

图 4-4

图 4-5

图 4-6

第三步：整理各岗位的必要品清单，登记并移除"不要物"，及时分析"不要物"产生的原因，避免再次产生。

4.1.2 办公室的常见布局与布局原则

▽ **1. 办公室的常见布局**

①开放式布局：适用于团队协作要求高的企业，便于员工交流与合作。

例如，生产计划部门的办公室可以采用开放式布局方式，方便生产计划员沟通、协调工作，确保生产计划的制订及时、准确。

②隔间式布局：通过设置隔断或隔间，创造相对私密的工作空间，对应需要较高专注度和隐私的工作。

例如，实验室通常需要设置相对独立的工作空间，确保实验的准确性和保密性。采用隔间式布局方式，可以为实验员提供更理想的工作环境。

③混合式布局：结合开放式布局和隔间式布局，满足不同工作任务和员工的需求。

例如，研发设计团队的办公室可以采用混合式布局方式，在为员工提供开放的创意工作区域的同时，提供会议室让团队成员进行项目讨论和设计评审。

④灵活布局：设计可以灵活调整布局的办公室，满足不同工作任务和员工的需求。

例如，生产管理人员的办公室可以采用灵活布局方式，以便能够根据生产进度和生产问题进行即时调整。使用可移动的工作台和会议设备，能够满足快速变化的需求。

⑤集中式布局：将特定团队、部门的工作区域集中在一起，促进相关团队、部门的紧密合作。

例如，生产工程师的办公室可以采用集中式布局方式，让他们的办公区域集中在靠近生产车间的位置，便于他们更迅速地解决生产过程中的问题，与生产团队紧密合作。

▽ **2. 办公室布局的六大原则**

①人性化设计：关注员工的需求和舒适度，创造宜人的工作环境。

②**充分考虑工作流程**：减少工作沟通障碍，减少不必要的行走和时间浪费。

③**关注光照和通风**：确保员工的工作环境明亮、舒适。

④**合理使用空间**：最大化利用办公空间，避免浪费，同时考虑进一步扩展办公空间的可能性。

⑤**设置个性化工作区**：根据员工的个性和工作习惯，设置灵活的工作空间。

⑥**提供交流场所**：创建便于员工交流和合作的空间，如休息区、共享空间等。

4.1.3 办公室的布局改善案例

改善前，案例办公室的布局主要存在以下问题。

①功能区规划不清晰，有交叉干扰的情况。

②休息区正对大门，私密性差。

③文件柜分散放置，员工拿取文件不方便。

④两排办公桌平行摆放，远离窗户的整排办公桌采光效果差。

⑤两个摆件放在办公桌外侧，占用空间，显拥挤。

改善前的办公室布局如图 4-7 所示。

图 4-7

在明确案例办公室为销售部办公室的基础上，首先，根据销售部的日常工作内容为该办公室进行功能区划分，划分出办公区、接待区、文件资料区、公共区；其次，根据办公室布局的原则，规划各功能区的具体位置；最后，用绘图软件绘制布局效果图。

改善后，两排办公桌均靠近窗户，采光效果好；文件柜靠墙集中摆放，便于员工拿取文件；进门左手侧凸出区域放 3 个沙发和 1 个茶几，作为接待区，安静且不妨碍办公区员工正常办公；两个摆件放在接待区旁，美化接待环境。改善后的办公室布局如图 4-8 所示。

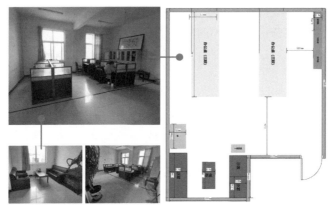

图 4-8

4.1.4 办公室物品的定位管理及改善案例

▽ 1. 桌面物品的定位管理及改善案例

形状规则的物品，如文件筐、电话机、键盘，多使用规格为 1cm×3cm 的 L 型定位贴定位，定位贴内边缘应距离物品外边缘 0.5cm；圆底物品，如水杯、笔筒，多使用直径比物品底部直径大 1cm 的圆形定位贴定位。桌面物品定位改善案例如图 4-9 所示。

图 4-9

▽ 2. 抽屉物品的定位管理及改善案例

办公桌抽屉一般有 3 层，建议第一层存放使用频率较高的办公用品，第二层存放未处理完的文件资料，第三层存放个人用品。在办公用品抽屉中，可使用硅胶板、EVA 泡棉等材料对办公用品做形迹定位，防止抽拉抽屉时办公用品混杂。抽屉物品定位改善案例如图 4-10 至图 4-12 所示。

图 4-10

图 4-11

图 4-12

▽ 3. 物品柜及文件柜物品的定位管理及改善案例

物品柜及文件柜内的物品应根据类别分层、分列摆放整齐，使用宽度为 1cm 的定位贴做区域定位，物品之间应有一定的间隙，方便取放。物品柜及文件柜物品定位改善案例如图 4-13 和图 4-14 所示。

图 4-13

图 4-14

▽ 4. 地面物品的定位管理及改善案例

形状规则的物品，如饮水机、落地打印机，多使用规格为 2cm×6cm 的 L 型定位贴定位，定位贴内边缘应距离物品外边缘 3cm；圆底物品多使用直径比物品底部直径大 1cm 的圆形定位贴定位，或者使用规格为 2cm×2cm 的正方形定位贴沿物品外边缘做圆形定位；形状不规则的物品多使用宽度为 2cm 的定位贴做区域定位。地面物品定位改善案例如图 4-15 至图 4-17 所示。

图 4-15

图 4-16

图 4-17

4.1.5 办公室物品的标识方法及标识制作标准

办公室物品标识主要包括文件柜类别标识、文件柜内物品标识、文件夹中缝标识、抽屉类别标识、抽屉内物品标识、电源线标识、物品责任标识、岗位标识、开关标识等，见表 4-1。

表 4-1 办公室物品标识及其制作标准

	文件柜类别标识	
（图示：类别：文档资料，三层 入职档案，二层 离职档案，一层 人事档案，责任人：张大胆，手机号：135×××8901）	要求	明确文件柜标识牌制作方法，统一制作标准
	标准	材料：PVC、亚克力、铜版纸 颜色：背景色可设置为企业色 规格：90mm×60mm 内容：Logo、类别、层级、责任人、手机号 字体：思源黑体、微软雅黑 位置：柜子右上角，距边缘 3mm 处
	文件柜内物品标识	
（图示：文件柜内摆放物品）	要求	明确文件柜内物品标识制作方法，统一制作标准
	标准	材料：白色或黄色标签纸 规格：1.8cm×6cm 字体：黑体 位置：居中张贴在物品正面

续表

		文件夹中缝标识
	要求	明确文件夹中缝标识制作方法，统一制作标准
	标准	材料：铜版纸 颜色：背景色可设置为企业色 规格：可根据文件夹大小调整标识宽度 形迹：三角形，底部与分割线平行 编号：统一格式（01、02、03……） 位置：居中张贴在文件盒背脊、高度统一
		抽屉类别标识
	要求	明确抽屉存放的物品的类别，规范标识方法
	标准	材料：白色或黄色标签纸 规格：2.4cm×6cm 字体：黑体 位置：抽屉左上角，距边缘3mm处
		抽屉内物品标识
	要求	明确抽屉内物品标识制作方法，统一制作标准
	标准	材料：白色或黄色标签纸 规格：1.2cm×3cm 字体：黑体 位置：物品正前方，与抽屉边缘平行
		电源线标识
	要求	对电源线控制的设备进行明确，防止拔错电源
	标准	材料：白色标签纸 规格：1.2cm×5cm（对折后长为5cm） 字体：黑体 位置：距电源线端3cm处 备注：插排、主机、网线等均可张贴

续表

		物品责任标识	
物品管理卡 物品名：打印机 责任人：张大胆 爱护公务 人人有责	要求	明确物品管理卡的制作方法，统一制作标准	
	标准	材料：铜版纸 颜色：背景色可设置为企业色 规格：9cm×6cm 字体：黑体 位置：居中张贴在物品背面或侧面	
		岗位标识	
山东青穗管理咨询 照片 姓名：王小胆 部门：人力资源部 职务：培训主管 电话：135×××7890	要求	明确岗位标识牌的制作方法，统一制作标准	
	标准	材料：铜版纸 颜色：背景色可设置为企业色 规格：10cm×7cm 字体：黑体 照片：证件照或统一着装的上半身照	
		开关标识	
（开关照片）	要求	明确开关标识的制作方法，统一制作标准	
	标准	材料：白色标签纸 规格：1.8cm×4cm 内容：与开关控制区域一致 字体：黑体 字号：根据实际情况确定，企业内统一即可 位置：居中张贴在开关正面	

4.2 检测室现场 5S 改善要点与案例

做检测室现场 5S 改善要以安全为第一着眼点，改善目的是使员工做实验时能快速、准确地拿取器皿和药品，安全有序地作业。

4.2.1 检测室的整理改善步骤

第一步：根据使用频率，逐一判断检测室各区域的物品是否需要留下。判断区域包括实验台、抽屉、器皿柜、药品柜等，根据物品的使用频率判断是否需要留下，并初步规划存放位置。

第二步：对检测室进行彻底清理后，将必要品分类摆放在合适的位置。实验仪器放在实验台上；常用的药品和器皿放在实验台上方的存储平台上；实验工具放在实验器材下方的抽屉里；备用的药品和器皿放在临近实验台的柜子里或独立物品柜里；文件资料放在便于取用的位置。

第三步：整理各实验的必要品清单，登记并移除"不要物"，分析"不要物"产生的原因，避免再次产生。

4.2.2 检测室物品的定位管理及改善案例

▽ 1. 桌面物品及检测台面物品的定位管理及改善案例

底部形状规则的物品多使用规格为 1cm×3cm 的 L 型黄色定位贴定位，定位贴内边缘应距离物品外边缘 0.5cm；圆底物品多使用直径比物品底部直径大 1cm 的黄色圆形定位贴定位。桌面物品及检测台面物品定位改善案例如图 4-18 至图 4-20 所示。

图 4-18　　　　　　　　　图 4-19　　　　　　　　　图 4-20

▽ 2. 抽屉物品的定位管理及改善案例

抽屉内只有一种物品时不需要做定位管理，在抽屉外部张贴标识即可；抽屉内有多种物品时可用 EVA 泡棉或 KT 板做形迹定位。抽屉物品定位改善案例如图 4-21 至图 4-23 所示。

图 4-21　　　　　　　　　图 4-22　　　　　　　　　图 4-23

▽ 3. 储物柜物品的定位管理及改善案例

形状不规则的物品多使用宽度为 1cm 的黄色定位贴做区域定位；圆底物品多使用直径比物品底部直径大 1cm 的黄色圆形定位贴定位。储物柜物品定位改善案例如图 4-24 和图 4-25 所示。

图 4-24　　　　　　　　　　　　　　图 4-25

▽ 4. 专用器皿柜及药品柜物品的定位管理及改善案例

将专用器皿柜及药品柜内的物品按类别分层、分列摆放整齐后，可用1cm宽的定位贴做区域定位，也可用圆形定位贴做形迹定位。专用器皿柜及药品柜物品定位改善案例如图4-26和图4-27所示。

图 4-26

图 4-27

4.2.3 检测室物品的存储容器设计要点及改善案例

检测室物品的存储容器设计主要考虑安全性，确保存放安全和周转安全。

改善前，食品添加剂留样瓶平放在物料架上，没有任何防护措施，存在安全隐患。改善后，根据留样瓶尺寸和安全要求设计了存储容器，先将亚克力板固定在物料架上，再将留样瓶放在亚克力板的圆孔中，稳固、整齐。留样瓶存储容器改善案例如图4-28和图4-29所示。

图 4-28

图 4-29

检测室内的大部分实验器皿为玻璃材质，为了防止碰撞碎裂，一般需要孔洞式存储。玻璃器皿存储容器如图 4-30 和图 4-31 所示。

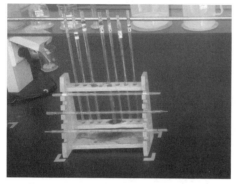

图 4-30

图 4-31

4.2.4 检测室物品的标识方法及改善案例

检测室物品标识主要包括检测台面仪器名称标识、药品名称标识、抽屉和柜子类别标识、抽屉内与柜子内物品名称标识、电源线标识、安全警示标识等。除了安全警示标识有专用标识贴，其他标识全部可使用标签打印机打印，方便快捷。检测室物品标识改善案例如图 4-32 至图 4-34 所示。

图 4-32

图 4-33

图 4-34

4.3 仓库现场 5S 改善要点与案例

做仓库现场 5S 改善的核心是完成布局优化与物品分类管理，方便出入库、财务盘点，保证账、卡、物一致，及时为生产提供需要的物品。

4.3.1 仓库的布局方法与布局原则

▽ 1. 仓库布局的 4 个方法

① ABC 分类法：将备件划分为 A、B、C 三类（A 类为重要且经常使用；B 类为一般重要，中等使用频率；C 类为不太重要但偶尔使用），根据分类确定存储位置和取用方式。

②区域划分法：将仓库划分为多个区域，每个区域专门存放一类备品备件，便于快速查找和取用。

③垂直存储法：充分利用垂直空间，提高存储量，在减少占地面积的同时方便查找和取用。

④流水线存储法：对于需要定期维护和更新的备品备件，可以使用流水线存储法，让备品备件在仓库内的"流动"更加顺畅，减少等待时间。

▽ 2. 仓库布局的七大原则

①先进先出：确保仓库中的备品备件是最新的，降低过期损耗风险。

②便于取用：将高频使用的备品备件放在便于取用的区域，减少查找和取用的等待时间，提高作业效率。

③标识清晰：为每个区域和货架张贴清晰的标识，包括备品备件的名称、规格、ABC 分类等信息，以便需要取用时能快速找到目标备品备件。

④盘点便捷：充分考虑定期盘点的需求，确保能够轻松、准确地进行备品备件库存盘点。

⑤环境适宜：根据备品备件的特殊性，合理优化仓库环境，确保温度、湿度适宜，防止备品备件受损。

⑥设计灵活：布局设计应有一定的灵活性，以适应备品备件库存的变化和扩展需求。

⑦现代化管理：使用现代化的仓库管理系统和技术，如自动化仓储系统、条形码扫描技术，提高管理的精确性和效率。

4.3.2 仓库的布局改善案例

改善前，案例仓库的布局主要存在以下问题。

①货架摆放杂乱，没有明显的区域划分。

②物品随意堆放，没有分类管理，无法快速找到需要的备品备件。

③备品备件没有张贴任何标识，做不到先进先出，财务盘点困难。

改善前的仓库状态如图 4-35 至图 4-39 所示。

图 4-35　　　　　　　　　　图 4-36

图 4-37　　　　　　图 4-38　　　　　　图 4-39

根据仓库的实际情况做现场 5S 改善，先为仓库规划区域，包括货架区、大件存放区、办公区、物料收发区，再根据物品类别与领用频率进行货架管理。

①在门口设置物料收发区，方便物料收发。

②将门口右侧位置规划为办公区，放一个办公桌，方便收发物料时完成台账登记。

③在仓库内右侧区域放置物料架，设置货架区存储领用频繁的小型备品备件。根据备品备件的功能进行物料分类，制作物料信息看板，并按照先进先出的原则摆放物料，提高物料收发效率。

④在仓库内左侧区域设置大件存放区，将较重的物料整齐有序地摆放在地面上。

⑤在墙上悬挂三角带，充分利用空间。

改善后，根据备品备件的类别和历史领用数量购置了14个货架，为了方便大型备品备件的出入库，将货架放置在仓库内右侧区域；正对大门规划通道，通道左侧设置大件存放区，方便叉车进出取放。改善后的仓库状态如图4-40至图4-43所示。

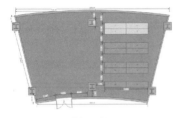
图4-40

图4-41

图4-42

图4-43

4.3.3 仓库的整理改善案例

首先，根据领用频率，逐一判断仓库物品的要与不要；其次，将留下的物品表面的油污、锈蚀、灰尘彻底清理干净；最后，将留下的物品按照类别和领用频率分类摆放整齐。仓库物品整理改善案例如图 4-44 至图 4-46 所示。

图 4-44

图 4-45

图 4-46

在彻底清空的状态下，为仓库地面刷一层油漆或地坪漆，可防止水泥地面摩擦起灰污染备品备件；货架除锈后，可刷漆防护。仓库整理改善案例如图 4-47 至图 4-49 所示。

图 4-47

图 4-48

图 4-49

4.3.4 仓库的整顿改善案例

▽ 1. 仓库布局调整及物品分类摆放案例

按照布局调整方案将货架摆放到指定位置后，按照类别和领用频率对仓库内物品进行分区域、分货架、分层、分列摆放。仓库布局调整及物品分类摆放案例如图 4-50 至图 4-52 所示。

图 4-50

图 4-51

图 4-52

▽ 2. 备品备件定位改善案例

备品备件多使用宽度为 1cm 的定位贴做区域定位。备品备件定位改善案例如图 4-53 和图 4-54 所示。

图 4-53　　　　　　　　　　　图 4-54

▽ 3. 备品备件存储容器改善案例

完成备品备件定位后，要关注备品备件存储方式是否便于管理，主要考虑备品备件能否分类存放、快速取用、先进先出。

改善前，物料架中间层的物料盒中存放的是各种规格、型号的密封圈，堆积在一起，不容易查找、取用；改善后，根据密封圈的数量、规格、型号购买了多格物料盒，将密封圈分类存放，方便取用。密封圈存储容器改善案例如图 4-55 和图 4-56 所示。

图 4-55　　　　　　　　　　　图 4-56

常见的备品备件存储方式有无容器存储、物料盒存储、插孔式存储、阶梯式存储、悬挂式存储、可调节隔板存储等，如图 4-57 至图 4-62 所示。

图 4-57

图 4-58

图 4-59

图 4-60　　　　　图 4-61　　　　　图 4-62

4.3.5　仓库必备的标识及标识改善案例

仓库必备的标识及对应的标识改善案例如下。

▽ 1. 仓库区域标识

可根据各区域存放物品的类别制作仓库区域标识，例如，劳保区、螺栓区、电机区；也可用英文字母制作仓库区域标识，例如，A 区、B 区。仓库区域标识应使用悬挂方式或张贴于货架端头的方式展示，一目了然。仓库区域标识改善案例如图 4-63 和图 4-64 所示。

图 4-63　　　　　　　　　　　图 4-64

▽ 2. 货架端头类别标识

货架端头类别标识用于注明相关货架存放物品的大类,以及每一层存放物品的细分类别,方便员工查找物品。货架端头类别标识改善案例如图 4-65 和图 4-66 所示。

图 4-65   图 4-66

▽ 3. 物品名称标识

物品名称标识用于注明物品库位、型号、材质等信息。物品名称标识改善案例如图 4-67 和图 4-68 所示。

图 4-67   图 4-68

▽ 4. 物品出入库登记卡

物品出入库登记卡用于注明物品基本信息、出入库日期、数量、当前库存量等信息,每次出入库都要登记,以便库存状态随时可查。物品出入库登记卡改善案例如图 4-69 和图 4-70 所示,库存卡是物品出入库登记卡的一种。

图 4-69

图 4-70

4.4 模具房现场 5S 改善要点与案例

做模具房现场 5S 改善的核心是完成布局优化与模具管理,一方面根据模具类别明确模具分类摆放标准,另一方面根据生产计划及时准备模具,确保生产有序。

4.4.1 模具房的布局方法与布局原则

▽ 1. 模具房布局的 5 个方法

①**区域划分法**:将模具房划分为不同的专业区域,如模具存放区、模具收发区、模具维修区、备品备件区、现场办公区,确保每个环节都高效、有序。

②**流水线布局法**:模具维修的各步骤应有序,提高工作效率,减少不必要的等待时间。

③**工作台布局法**:合理设置工作台,确保维修过程中员工能够方便地获取工作需要的工具和材料,减少不必要的移动。

④**动线布局法**:将常用的维修设备和机械工具摆放在容易拿取的位置(作业动线上),缩短员工的行走距离,提高工作效率。

⑤**安全区域划定法**:划定明确的安全区域,确保危险设备和材料附近都有明显的标识,并安置必要的防护设施,保障员工的安全。

▽ 2. 模具房布局的六大原则

①**人机合一**:根据员工的工作习惯和人机工程学,让工作台和设备的高度、角度等适应操作者的需求,提高工作效率。

②**动线合理**:确保通道宽敞,通道内有明确的标识,方便员工快速找到工作区域和设备,应特别关注紧急通道的畅通。

③**易于清洁**:选择易于清洁的地板、墙面材料,保持模具房的整洁、卫生,防止灰尘和杂物对模具造成污染。

④设计灵活：全面考虑不同尺寸和类型的模具，设计灵活的布局。

⑤合理利用空间：确保每个区域都有足够的工作空间和存储空间，提高空间利用率。

⑥环保作业：建立废弃物分类处理系统，减少作业对环境的影响。

4.4.2 模具房的布局改善案例

改善前，案例模具房的布局主要存在以下问题。

①模具收发区与模具存放区相距较远，搬运距离长，搬运效率低。

②模具维修区与现场办公区划分不清，存在安全隐患，模具维修有可能影响正常办公。

③货架分散摆放，没有规划备品备件区，造成不必要的寻找阻碍。

④大模具存放区占用通道，导致通道宽窄不一，空间利用率低。

⑤现场脏、乱、差，员工每日要花费大量的时间做日常清洁。

改善前的模具房状态如图4-71所示。

图4-71

具体的模具房改善工作如下。

①为模具房划分功能区，包括模具收发区（可继续细分接收区和待发区）、模具维修区、模具存放区、备品备件区、现场办公区。

②模具房正中间设为通道，通道左侧规划为模具存放区，集中存放、管理模具。根据模具类型和大小，可继续细致规划模具架存放区和大模具存放区。

③在模具存放区后规划现场办公区，以文件资料柜为隔断，将现场办公区独立出来，给员工提供安静的办公环境。

④通道右侧靠门位置规划为模具收发区，搬运距离最短，便于快速发货，且能够避免叉车深入模具房对地面造成磨损。

⑤模具收发区后依次规划为模具维修区、备品备件区。模具维修区规划在中间，可以减少走动浪费。

改善后的模具房状态如图 4-72 至图 4-75 所示。

图 4-72

图 4-73

图 4-74

图 4-75

4.4.3 模具房各区域的改善要点及改善案例

▽ 1. 工具存储容器改善

工具存储容器改善的目的是便于员工快速找到需要的工具，避免在寻找工具方面浪费时间。

具体的改善工作如下。

①将所有员工共用的工具分类、分型号悬挂在挂板上，提高工具管理的透明度。

②将各员工的专用工具分别放在各自的形迹工具箱中，摆放整齐，以便快速取用。

③分类、分层摆放移动工具车中的工具，并做形迹定位标识管理。

工具存储容器改善案例如图4-76至图4-78所示。

图4-76　　　　　　　　　图4-77　　　　　　　　　图4-78

▽ 2. 模具收发区改善

用胶垫为模具收发区地面做防护，防止地面被模具磕碰、划伤；根据每日收发数量规划模具收发区的面积，用黄色油漆在胶垫上做区域定位，定位线宽度为5cm；张贴区域标识牌，明确收发区域。模具收发区改善案例如图4-79和图4-80所示。

图4-79　　　　　　　　　　　　　图4-80

▽ 3. 模具维修区改善

根据工作量设置工作台，配置高度可调的座椅，提高员工的工作舒适度；在工作台侧面增设挂板，悬挂使用频繁的工具，方便员工取用；根据需要在工作台之间放置工具柜，存放使用频率不高的共用物品。模具维修区改善案例如图 4-81 至图 4-83 所示。

图 4-81

图 4-82

图 4-83

▽ 4. 模具存放区改善

根据模具重量确定存放方式，包括货架存放和托盘存放；为货架添加抽屉式隔板，方便模具取放，根据模具类别分货架、分层、分列存放模具，在货架端头张贴管理看板，记录库位和模具信息，方便员工快速取放目标模具。模具存放区改善案例如图 4-84 和图 4-85 所示。

图 4-84

图 4-85

▽ 5. 备品备件区及现场办公区改善

备品备件区可按照仓库管理方法进行改善，现场办公区可按照办公室管理方法进行改善。引入电子看板，实时显示模具维保计划和配送计划，有助于员工了解模具维修、保养的优先级，合理备模。电子信息管理与备件管理改善案例如图 4-86 和图 4-87 所示。

图 4-86

图 4-87

第 5 章

CHAPTER

05

标准管理

制定易于员工理解与执行的标准

根据样板区的改善内容制定现场 5S 改善标准,让非样板区按照改善标准进行改善;制定样板区各岗位的现场 5S 维持标准,让样板区员工按照维持标准维持改善亮点;制定现场 5S 检查标准,让各部门按照检查标准自查现场 5S 改善工作是否已做到位;制定目视化管理标准,让管理透明化、简单化、高效化。

5.1 全面的现场 5S 改善标准

完成样板区改善后，推进部门应根据样板区的改善内容制定切实可行的现场 5S 改善标准，让非样板区员工根据改善标准高效完成现场 5S 改善工作。

现场 5S 改善标准的制定步骤如下。

①梳理现场 5S 改善内容。

②编制现场 5S 改善标准呈现模板。

③明确现场 5S 改善标准编写要求。

④制作现场 5S 改善标准的超链接目录。

5.1.1 梳理现场 5S 改善内容

现场 5S 改善标准可以根据样板区的改善亮点梳理，也可以根据目标改善区域的待改善事项梳理。

▽ 1. 区域划分

根据区域特点划分，包括生产区域、办公区域、公共区域、生活区域等。

▽ 2. 明确区域范围

①生产区域可根据生产工艺流程或功能明确区域范围。例如，裁切、折弯、焊接、打磨、喷涂、注塑、组装等是根据生产工艺流程明确区域范围；化验室、维修间、模具间等是根据功能明确区域范围。

②办公区域可根据房间功能明确区域范围。例如，办公室、会议室、资料室、接待室、茶水间。

③公共区域可根据功能明确区域范围。例如，停车场、楼梯、走廊、电梯、洗手间。

④生活区域可根据功能明确区域范围。例如，餐厅、宿舍、健身房。

▽ 3. 梳理需要改善的内容

按照改善事项进行梳理。例如，办公室改善事项包括与办公桌有关的桌面定置管理、桌面物品定位管理、文件盒形迹管理、抽屉分类管理、抽屉类别标识管理、抽屉内办公用品形迹管理等；与文件柜有关的文件柜标识管理、文件柜内物品定位管理、文件柜内物品标识管理等；与办公用品有关的电线标识标准、文具定位管理等，均需要全面考虑、细致梳理。

梳理要详尽、无遗漏，相同区域的同一改善事项对应一个标准。现场 5S 改善内容梳理模板见表 5-1。

表 5-1　现场 5S 改善内容梳理模板

区域	区域范围	改善点	改善事项
生产区域	注塑	操作台	作业台面定置管理
			工具定位管理
			文件夹形迹管理
			……
		工具柜	……
		注塑物料	……
		注塑设备	……
		……	
	……		
办公区域	办公室	办公桌	桌面定置管理
			桌面物品定位管理
			文件盒形迹管理
			抽屉分类管理
			抽屉类别标识管理
			抽屉内办公用品形迹管理
			……
		文件柜	……
		……	
		……	……

5.1.2 编制现场 5S 改善标准呈现模板

现场 5S 改善标准有（改善）目的、（改善）标准、（改善）图片三大核心内容，其他内容根据实际需要添加。现场 5S 改善标准的呈现要求排版清晰、有序，表述简洁、易懂。现场 5S 改善标准参考模板见表 5-2 和表 5-3。

表 5-2　现场 5S 改善标准参考模板（1）

适用对象	办公室物品柜内物品
改善目的	便于快速查找、取用物品
改善标准	内容：对物品柜内物品进行分类、定位、标识 材料：定位条、标签 方法：物品按类别与规格分层、分列放置，用定位条做区域定位（物品与定位条间隔1cm），物品正面居中张贴名称标签 规格：定位条宽10mm、标签宽12mm、长5cm 字体：黑体
改善内容	□整理　■整顿　■三定　■目视化　□展板　□形迹 □清扫　□清洁　□安全　■素养　□节约　□其他
改善效果	（图片）

表 5-3　现场 5S 改善标准参考模板（2）

	办公室物品柜内物品改善标准	
（图片）	目的	便于快速查找、取用物品
	标准	内容：对物品柜内物品进行分类、定位、标识 材料：定位条、标签 方法：物品按类别与规格分层、分列放置，用定位条做区域定位（物品与定位条间隔1cm），物品正面居中张贴名称标签 规格：定位条宽10mm、标签宽12mm、长5cm 字体：黑体

5.1.3 明确现场 5S 改善标准编写要求

现场 5S 改善标准主要由内容、材料、方法、规格、字体、位置等组成，并非缺一不可，根据实际情况编写即可。

①**内容**：明确需要改善的具体内容。

②**材料**：明确该改善所需要的材料的类别及相关要求。

③**方法**：简要说明改善操作方法及注意事项。

④**规格**：明确改善材料的规格，如定位贴、看板、物品标识的规格。

⑤**字体**：明确标识文字的字体。同一改善事项的标识，不允许用不同的字体。

⑥**位置**：明确张贴内容的具体位置，同一改善事项的标识张贴位置需要统一。

改善标准制定完成后，制作超链接目录，能够方便员工快速查找具体改善事项的改善标准。

5.1.4 办公区通用的 24 项改善标准

▽ 1. 办公室门改善标准

办公室门的现场 5S 改善主要包括玻璃门防撞警示改善、推/拉标识改善、开门形迹线改善，改善标准见表 5-4。

表 5-4 办公室门改善标准

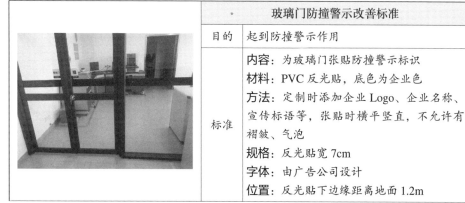

	玻璃门防撞警示改善标准
目的	起到防撞警示作用
标准	内容：为玻璃门张贴防撞警示标识 材料：PVC 反光贴，底色为企业色 方法：定制时添加企业 Logo、企业名称、宣传标语等，张贴时横平竖直，不允许有褶皱、气泡 规格：反光贴宽 7cm 字体：由广告公司设计 位置：反光贴下边缘距离地面 1.2m

续表

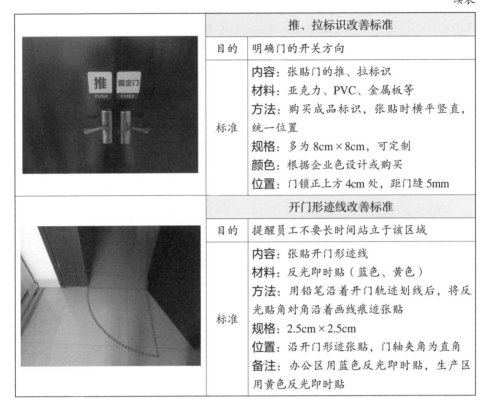

		推、拉标识改善标准
	目的	明确门的开关方向
	标准	**内容**：张贴门的推、拉标识 **材料**：亚克力、PVC、金属板等 **方法**：购买成品标识，张贴时横平竖直，统一位置 **规格**：多为 8cm×8cm，可定制 **颜色**：根据企业色设计或购买 **位置**：门锁正上方 4cm 处，距门缝 5mm
		开门形迹线改善标准
	目的	提醒员工不要长时间站立于该区域
	标准	**内容**：张贴开门形迹线 **材料**：反光即时贴（蓝色、黄色） **方法**：用铅笔沿着开门轨迹划线后，将反光贴角对角沿着画线痕迹张贴 **规格**：2.5cm×2.5cm **位置**：沿开门形迹张贴，门轴夹角为直角 **备注**：办公区用蓝色反光即时贴，生产区用黄色反光即时贴

▽ 2. 办公桌改善标准

办公桌的现场 5S 改善主要包括岗位标识牌设置、桌面物品定置、桌面物品定位改善、抽屉内物品定位改善等，见表 5-5。

表 5-5　办公桌改善标准

		岗位标识牌设置标准
	目的	明确各岗位人员的位置及联系方式
	标准	**内容**：制作标识牌，内容包括部门、姓名、岗位、电话、照片（统一着装） **材料**：亚克力、PVC 等 **规格**：根据实际情况购买 **位置**：办公桌隔板的左上角或桌面

续表

		桌面物品定置标准
	目的	明确办公桌物品数量，确保桌面整洁
	标准	**内容**：桌面摆放物品控制在 8 件以内（电脑显示器、键盘、鼠标、文件筐、电话机、笔筒、水杯） **材料**：定位贴（黄色、蓝色） **规格**：L 型定位贴规格为 1cm×3cm，圆形定位贴规格为物品直径 +1cm **位置**：根据个人工作习惯确定
		电脑显示器、键盘、鼠标垫定位改善标准
	目的	明确电脑显示器、键盘、鼠标垫的位置
	标准	**材料**：定位贴 **方法**：有棱角的用 L 型定位贴定位；无棱角的进行形迹定位，定位贴露出物品 5mm **规格**：1cm×3cm（L 型定位贴） **位置**：根据个人工作习惯摆放
		电话机定位改善标准
	目的	明确电话机位置与电话号码
	标准	**内容**：电话机定位及张贴电话号码标识 **材料**：定位贴、白色色带 **规格**：L 型定位贴规格为 1cm×3cm，白色色带规格为 12mm×70mm **字体**：黑体 **位置**：电话机根据个人工作习惯摆放，电话号码标识张贴在显示屏上方正中间
		台历定位改善标准
	目的	明确台历位置
	标准	**材料**：定位贴 **规格**：1cm×3cm（L 型定位贴） **位置**：根据个人工作习惯摆放 **备注**：靠墙或靠边摆放时不需要使用定位贴定位

续表

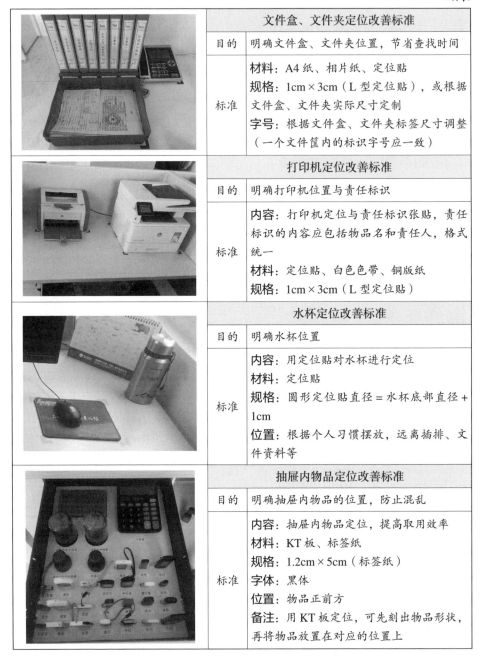

		文件盒、文件夹定位改善标准
	目的	明确文件盒、文件夹位置，节省查找时间
	标准	材料：A4纸、相片纸、定位贴 规格：1cm×3cm（L型定位贴），或根据文件盒、文件夹实际尺寸定制 字号：根据文件盒、文件夹标签尺寸调整（一个文件筐内的标识字号应一致）
		打印机定位改善标准
	目的	明确打印机位置与责任标识
	标准	内容：打印机定位与责任标识张贴，责任标识的内容应包括物品名和责任人，格式统一 材料：定位贴、白色色带、铜版纸 规格：1cm×3cm（L型定位贴）
		水杯定位改善标准
	目的	明确水杯位置
	标准	内容：用定位贴对水杯进行定位 材料：定位贴 规格：圆形定位贴直径＝水杯底部直径+1cm 位置：根据个人习惯摆放，远离插排、文件资料等
		抽屉内物品定位改善标准
	目的	明确抽屉内物品的位置，防止混乱
	标准	内容：抽屉内物品定位，提高取用效率 材料：KT板、标签纸 规格：1.2cm×5cm（标签纸） 字体：黑体 位置：物品正前方 备注：用KT板定位，可先刻出物品形状，再将物品放置在对应的位置上

3. 文件柜改善标准

文件柜的现场5S改善主要包括文件柜标识改善、文件盒标识改善、文件柜内物品定位改善及标识改善等，见表5-6。

表5-6 文件柜改善标准

		文件柜标识改善标准
	目的	明确文件柜的责任人与存放物品类别
	标准	**内容**：为文件柜张贴责任人标识、存放物品标识 **材料**：亚克力、铜版纸等 **规格**：6cm×9cm **字体**：黑体 **位置**：文件柜柜门左上角，距离边缘5mm **备注**：标识牌内容包括责任人与存放物品类别
		文件盒标识改善标准
	目的	明确文件盒的用途，方便查找文件
	标准	**内容**：对文件盒进行形迹管理，标识的内容应包括部门、编号、名称、责任人等，格式统一 **材料**：A4纸、铜版纸 **规格**：根据文件盒实际尺寸确定 **字号**：根据文件盒标签大小确定 **位置**：文件盒塑料夹缝中
		文件柜内物品定位改善/标识改善标准
	目的	对文件柜内物品进行定位、分类标识，便于查找
	标准	**内容**：为文件柜内物品分类，用定位贴定位并用标签标识 **材料**：白色色带、蓝色或黄色反光定位贴 **规格**：白色色带规格为12mm×60mm、定位贴宽1cm **字体**：黑体 **位置**：物品正前方

▽ 4. 电源改善标准

电源的现场5S改善主要包括开关标识改善、电源线绑扎改善、饮水机标识改善、空调状态标识改善等，见表 5-7。

表 5-7 电源改善标准

		开关标识改善标准
	目的	对易混淆的开关张贴控制标识，防止误操作
	标准	内容：标注开关控制区域 材料：白色色带 规格：18mm×40mm 字体：黑体 位置：开关正面中央
		电源线绑扎改善标准
	目的	对电源线进行绑扎，防止误触电线
	标准	内容：电源线整理、绑扎 材料：扎带、理线夹 位置：电源插排附近 方法： ①对办公桌下的电源线进行分段绑扎 ②在电源线头部与设备连接处留有电源线活动余量，防止设备移动时电源线由于绑扎过紧被损坏 ③扎带间距为 10～20cm，根据实际情况确定
		饮水机标识改善标准
	目的	明确饮水机各功能开关，防止按错开关烫伤手
	标准	内容：饮水机各功能标识的张贴 材料：反光标识 规格：直径为 5cm，圆形 字体：黑体 位置：功能键正上方或正下方 备注：热水标识为红色，冷水标识为蓝色，字均为白字
		空调状态标识改善标准
	目的	对空调进行可视化管理，便于观察其工作状态
	标准	内容：设置空调状态标识，快速识别空调的工作状态 材料：红色轻质丝带 规格：宽 1cm，对折后长 20cm 位置：空调出风口边缘

▽ 5. 办公室物品改善标准

办公室物品的现场 5S 改善主要包括垃圾桶定位改善、花卉定位改善、灭火器定位改善、钥匙定位改善、楼梯警示改善等，见表 5-8。

表 5-8　办公室物品改善标准

		垃圾桶定位改善标准
	目的	防止垃圾桶随意放置，提醒及时倾倒垃圾
	标准	**内容**：对垃圾桶进行定位及限高 **材料**：红色定位贴（反光） **规格**：2.5cm×2.5cm **备注**：红色限高标识的高度为垃圾桶高度的 3/4，垃圾桶下方用红色定位贴定位
		花卉定位改善标准
	目的	合理放置花卉，美化环境
	标准	**内容**：制作花卉标签，包括花名、类别、养护周期等，并对花盆进行定位管理 **材料**：反光定位贴 **规格**：2.5cm×2.5cm **备注**：花盆下方用正方形定位贴定位；标签可个性化设计，企业内统一即可
		灭火器定位改善标准
	目的	明确灭火器的位置
	标准	**内容**：避免需要使用时浪费时间寻找 **材料**：红色定位贴 **规格**：宽 5cm **方法**：斜线张贴角度为 45°，间隔 5cm，放置灭火器后，前、后、左、右的警示线距离灭火器均为 2cm

续表

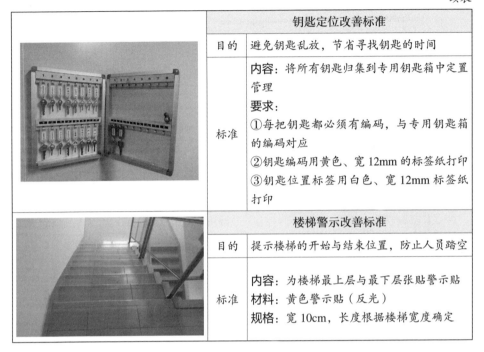

	钥匙定位改善标准
目的	避免钥匙乱放，节省寻找钥匙的时间
标准	**内容**：将所有钥匙归集到专用钥匙箱中定置管理 **要求**： ①每把钥匙都必须有编码，与专用钥匙箱的编码对应 ②钥匙编码用黄色、宽12mm 的标签纸打印 ③钥匙位置标签用白色、宽12mm 标签纸打印
	楼梯警示改善标准
目的	提示楼梯的开始与结束位置，防止人员踏空
标准	**内容**：为楼梯最上层与最下层张贴警示贴 **材料**：黄色警示贴（反光） **规格**：宽10cm，长度根据楼梯宽度确定

5.1.5　生产区通用的27项改善标准

▽ 1. 车间地面改善标准

车间地面的现场 5S 改善主要包括通道划线改善、闭门线标识改善、盖板警示改善等，见表5-9。

表 5-9　车间地面改善标准

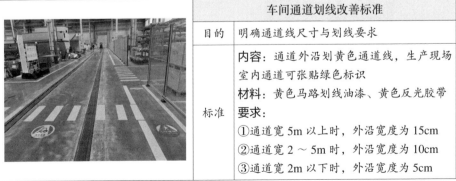

	车间通道划线改善标准
目的	明确通道线尺寸与划线要求
标准	**内容**：通道外沿划黄色通道线，生产现场室内通道可张贴绿色标识 **材料**：黄色马路划线油漆、黄色反光胶带 **要求**： ①通道宽 5m 以上时，外沿宽度为 15cm ②通道宽 2～5m 时，外沿宽度为 10cm ③通道宽 2m 以下时，外沿宽度为 5cm

续表

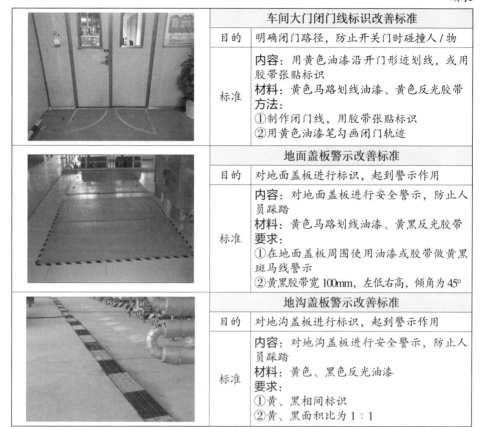

	车间大门闭门线标识改善标准	
目的	明确闭门路径，防止开关门时碰撞人/物	
标准	**内容**：用黄色油漆沿开门形迹划线，或用胶带张贴标识 **材料**：黄色马路划线油漆、黄色反光胶带 **方法**： ①制作闭门线，用胶带张贴标识 ②用黄色油漆笔勾画闭门轨迹	

	地面盖板警示改善标准	
目的	对地面盖板进行标识，起到警示作用	
标准	**内容**：对地面盖板进行安全警示，防止人员踩踏 **材料**：黄色马路划线油漆、黄黑反光胶带 **要求**： ①在地面盖板周围使用油漆或胶带做黄黑斑马线警示 ②黄黑胶带宽100mm，左低右高，倾角为45°	

	地沟盖板警示改善标准	
目的	对地沟盖板进行标识，起到警示作用	
标准	**内容**：对地沟盖板进行安全警示，防止人员踩踏 **材料**：黄色、黑色反光油漆 **要求**： ①黄、黑相间标识 ②黄、黑面积比为1∶1	

▽ 2. 车间物品改善标准

车间物品的现场5S改善包括叉车定位改善、清洁用品定位改善、工具定位改善、文件定位改善等，见表5-10。

表5-10 车间物品改善标准

	叉车定位改善标准
目的	叉车放置位置合理、规范，方便取用
标准	**内容**：用黄色定位线对叉车进行区域定位 **材料**：黄色马路划线油漆、黄色反光胶带、黄色数字定位贴 **规格**：宽5cm **要求**： ①黄色定位线内边缘距离叉车外边缘5cm ②叉车存放区序号可以是黄色的数字定位贴，也可以是喷漆数字，离定位线3cm，在对应区域的中间位置

续表

		车间垃圾桶定位改善标准
	目的	对车间垃圾桶做定位管理，避免垃圾桶摆放凌乱
	标准	**内容**：对垃圾桶进行定位及限高 **材料**：红色油漆 **要求**： ①红色油漆矩形框线宽5cm ②红色油漆矩形框内边缘距离垃圾桶5cm ③在垃圾桶高度的3/4处设置红色限高标识
		车间清扫工具定位改善标准
	目的	明确清扫工具的存放位置，集中管理
	标准	**内容**：明确清扫工具的存放位置，集中管理，方便取用 **材料**：清扫工具架 **要求**：固定清扫工具架的标识颜色为红色
		车间生产工具定位改善标准
	目的	车间生产工具形迹化管理，提高工作效率
	标准	**内容**：用硅胶板对车间生产工具进行形迹定位，防止工具随意放置 **材料**：3mm厚白色硅胶板、18mm宽标签纸 **要求**： ①在硅胶板上按工具形状刻制形迹，将工具固定位置放置 ②在工具前方张贴长度一致的标识
		工具柜内物品定位改善标准
	目的	工具柜内物品形迹化管理，提高工作效率
	标准	**内容**：使用硅胶板为工具、零部件等物品定位，使用定位贴为办公用品、物料盒、个人用品定位 **材料**：蓝色工具柜、白色硅胶板、黄色定位贴、黄色标签纸 **规格**：硅胶板厚3mm、定位贴宽1cm、标签纸规格为1.8cm×5.5cm

续表

		工具架物品定位改善标准
	目的	防止物品摆放混乱,提高工作效率
	标准	内容:使用硅胶板为工具、零部件等物品定位,使用定位贴为较大物品定位 材料:3mm厚白色硅胶板、1cm宽黄色定位贴、18mm宽黄色标签打印纸 位置:物品按照使用频率摆放整齐 备注:在硅胶板上刻制形状时必须美观、标准,圆是圆,方是方,不规则物品按照物品形状刻制
		硅胶板物品定位改善标准
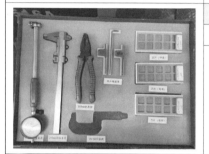	目的	硅胶板物品形迹化管理
	标准	内容:将物品整齐地摆放在硅胶板上,按物品形状刻制凹槽,并在物品正前方张贴标识 规格:硅胶板尺寸根据实际放置位置确定 备注:在硅胶板上刻制形状时必须美观、标准,圆是圆,方是方,不规则物品按照物品形状刻制
		应急事故柜内物品定位改善标准
	目的	定位应急物品,以便存取方便、快速
	标准	内容:为应急事故柜内物品分类、定位、张贴标识,确保员工能够快速取用目标物品 材料:黄色反光贴,标签纸 规格:反光贴宽1cm,标签纸规格为18mm×60mm 字体:黑体 要求: ①物品按类别、型号分层、分列摆放 ②反光贴距离物品边缘2cm
		文件表单定位改善标准
	目的	明确文件夹定位标准与标识标准,便于查找
	标准	内容:用1cm胶带为文件夹定位,用标签纸标识文件名称,便于快速查找 材料:1cm宽反光胶带、标签纸 要求: ①反光胶带内边缘距离文件1cm ②用2.4cm×10cm黄色标签打印文件名称

▽ 3. 车间设备改善标准

车间设备的现场 5S 改善主要包括设备标识改善与设备警示改善，见表 5-11。

表 5-11 设备改善标准

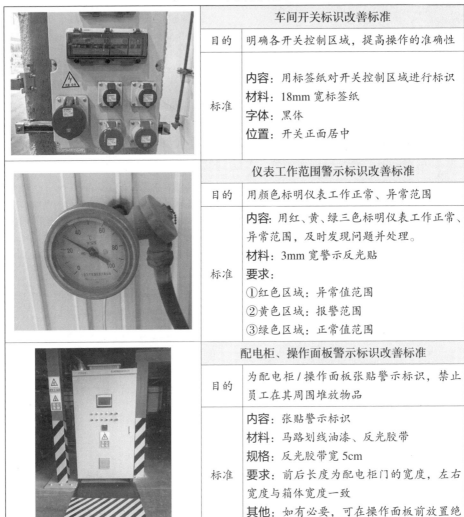

		车间开关标识改善标准
	目的	明确各开关控制区域，提高操作的准确性
	标准	内容：用标签纸对开关控制区域进行标识 材料：18mm 宽标签纸 字体：黑体 位置：开关正面居中
		仪表工作范围警示标识改善标准
	目的	用颜色标明仪表工作正常、异常范围
	标准	内容：用红、黄、绿三色标明仪表工作正常、异常范围，及时发现问题并处理。 材料：3mm 宽警示反光贴 要求： ①红色区域：异常值范围 ②黄色区域：报警范围 ③绿色区域：正常值范围
		配电柜、操作面板警示标识改善标准
	目的	为配电柜 / 操作面板张贴警示标识，禁止员工在其周围堆放物品
	标准	内容：张贴警示标识 材料：马路划线油漆、反光胶带 规格：反光胶带宽 5cm 要求：前后长度为配电柜门的宽度，左右宽度与箱体宽度一致 其他：如有必要，可在操作面板前放置绝缘垫

续表

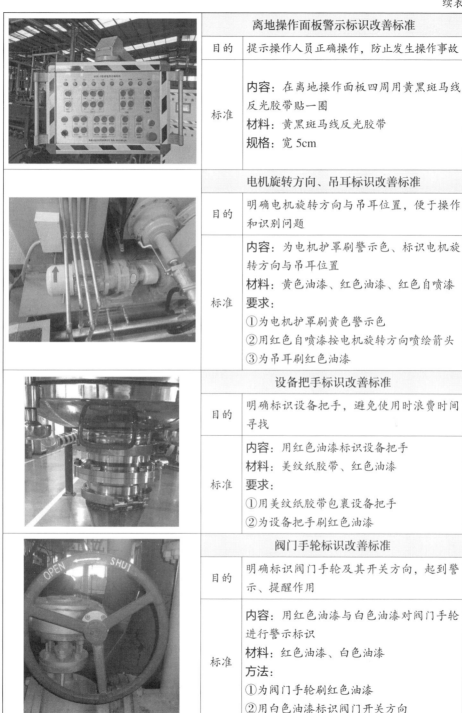

	离地操作面板警示标识改善标准
目的	提示操作人员正确操作，防止发生操作事故
标准	**内容**：在离地操作面板四周用黄黑斑马线反光胶带贴一圈 **材料**：黄黑斑马线反光胶带 **规格**：宽5cm

	电机旋转方向、吊耳标识改善标准
目的	明确电机旋转方向与吊耳位置，便于操作和识别问题
标准	**内容**：为电机护罩刷警示色、标识电机旋转方向与吊耳位置 **材料**：黄色油漆、红色油漆、红色自喷漆 **要求**： ①为电机护罩刷黄色警示色 ②用红色自喷漆按电机旋转方向喷绘箭头 ③为吊耳刷红色油漆

	设备把手标识改善标准
目的	明确标识设备把手，避免使用时浪费时间寻找
标准	**内容**：用红色油漆标识设备把手 **材料**：美纹纸胶带、红色油漆 **要求**： ①用美纹纸胶带包裹设备把手 ②为设备把手刷红色油漆

	阀门手轮标识改善标准
目的	明确标识阀门手轮及其开关方向，起到警示、提醒作用
标准	**内容**：用红色油漆与白色油漆对阀门手轮进行警示标识 **材料**：红色油漆、白色油漆 **方法**： ①为阀门手轮刷红色油漆 ②用白色油漆标识阀门开关方向

续表

		操作把手警示标识改善标准
	目的	为操作把手添加警示标识
	标准	**内容**：为操作把手刷红色油漆，提示员工在操作过程中注意安全 **材料**：红色油漆

		基柱及交叉支撑防撞警示标识改善标准
	目的	设置基柱及交叉支撑防撞警示标识，提醒出入人员注意安全
	标准	**内容**：为通道旁的基柱及交叉支撑设置警示标识 **材料**：黄色、黑色反光油漆 **要求**： ①黄黑斑马线（警示标识）的线宽为10cm，比例为1:1，左低右高，倾角为45°，面与面交接后呈"V"形 ②交叉支撑标识至距地面2.0m处；基柱标识至距地面1.2m处

		竖梯安全警示标识改善标准
	目的	设置竖梯安全警示标识，防止人员踏空
	标准	**内容**：对竖梯进行黄黑安全警示标识设置，防止人员踏空 **材料**：黄色、黑色反光油漆 **要求**：从地面开始向上刷黄黑相间的警示标识，一阶刷黑色，一阶刷黄色

		起吊设备悬停警示标识改善标准
	目的	明确起吊设备停放位置，提醒往来人员注意安全
	标准	**内容**：为起吊设备明确停放位置，并设置警示标识 **材料**：黄黑斑马线反光胶带或黄色、黑色油漆 **要求**： ①方框尺寸根据现场作业环境确定，外框黄黑相间 ②框中为吊钩标识

续表

	设备基座安全警示标识改善标准	
	目的	设置设备基座安全警示标识，起到安全警示作用
	标准	**内容**：用黄色、黑色油漆为设备基座刷警示斑马线 **材料**：黄色、黑色马路划线油漆 **要求**： ①为设备基座刷黄黑警示斑马线，线宽10cm，左低右高，倾斜45° ②为基座水平面刷黄色油漆
	挡鼠板警示标识改善标准	
	目的	设置挡鼠板警示标识，避免往来人员被绊倒
	标准	**内容**：用黄黑斑马线反光胶带张贴挡鼠板警示标识 **材料**：5cm宽黄黑斑马线反光胶带 **要求**：在挡鼠板上边缘3mm处张贴反光胶带
	设备急停按钮标识改善标准	
	目的	明确急停按钮的位置
	标准	**内容**：对急停按钮进行特别标识，以便操作人员快速识别急停按钮 **材料**：红色油漆、黄色标签纸 **规格**：70mm×24mm（黄色标签纸） **字体**：黑体 **要求**： ①为急停按钮刷红色油漆 ②将急停按钮标识居中张贴在急停按钮下方2cm处

现场5S改善标准可随着改善内容的增加不断完善，并在所有区域都完成改善后，制作完整的改善手册。

5.2 图文并茂的现场 5S 维持标准

现场 5S 改善过程中,很多员工经常听到领导说××区域的 5S 改善成果维持得不好,但若让领导指出哪里维持得不好,领导通常说不出具体的问题。有些企业把推行 5S 管理当成了一个有始有终的项目,完成现场 5S 改善就默认项目结束,导致改善成果维持不了多久,工作现场就回到脏、乱、差的状态。

为了长久地维持现场 5S 改善成果,防止因管理不到位出现回潮现象,企业要制定现场 5S 维持标准,让领导检查有依据,让员工遵守有标准。5S 维持在 5S 管理中属于"清洁"环节的内容,因此,制定维持标准的前提是目标岗位已完成了整理、整顿、清扫改善工作并通过了验收。

5.2.1 明确现场 5S 维持相关事项并梳理标准统计表

以车间、部门为单位,明确各工作区域的现场 5S 维持相关事项并梳理标准统计表。现场 5S 维持标准统计表见表 5-12。

表 5-12 现场 5S 维持标准统计表

部门	序号	区域	事项	现场 5S 维持标准名称
维修车间	1	公共区域	门/窗现场 5S 维持	门/窗 5S 维持标准
	2		地面/墙面现场 5S 维持	地面/墙面 5S 维持标准
	3		清洁工具现场 5S 维持	清洁工具 5S 维持标准
	4		……	……
	5	责任区域	办公桌现场 5S 维持	办公桌 5S 维持标准
	6		工具架现场 5S 维持	工具架 5S 维持标准
	7		工具柜现场 5S 维持	工具柜 5S 维持标准
	8		动火区现场 5S 维持	动火区 5S 维持标准
	……		……	……

续表

部门	序号	区域	事项	现场 5S 维持标准名称
财务部办公室	1	公共区域	……	
	2	责任区域	办公桌现场 5S 维持	办公桌 5S 维持标准
	3		文件资料柜现场 5S 维持	文件资料柜 5S 维持标准
	4		花卉现场 5S 维持	花卉 5S 维持标准
……	……	……	……	……

5.2.2 编制现场 5S 维持标准呈现模板

现场 5S 维持标准的呈现应图文并茂，包括亮点图片及岗位区域、责任人、维护周期、维持标准等信息。

①亮点图片：展示该区域的最佳现场管理状态。

②岗位区域：具体的现场 5S 维持标准对应的管理区域

③责任人：该区域的负责人，如果有倒班安排，可以写多位负责人，直接责任人为当班员工。

④维护周期：维持现场 5S 最佳状态的最长维护间隔时间，一般为一个班次或一天。

⑤维持标准：对该区域现场 5S 最佳状态的描述。

现场 5S 维持标准参考模板见表 5-13。

表 5-13 现场 5S 维持标准参考模板

现场 5S 维持标准	
岗位区域：××	（亮点图片）
责任人：××	
维护周期：××	
维持标准	①…… ②…… ……

5.2.3 现场 5S 维持标准制定案例

现场 5S 维持标准涉及整理、整顿两个环节的成果。整理包括物品管理和环境管理，例如，消除安全隐患、及时清除油污/水渍等；整顿包括定位、定量、标识、目视化等管理，例如，物品定位摆放、标识张贴横平竖直等。

制定现场 5S 维持标准应全面且可量化，不允许使用模糊的语言描述标准。例如，"桌面干净、整洁"这一描述是不合格的，"干净、整洁"的衡量标准是什么？必须可量化，防止产生歧义，合格的描述为"用手擦拭无可见灰尘"。

案例1：办公桌 5S 维持标准，见表 5-14。

表 5-14 办公桌 5S 维持标准

（财务办公室）办公桌 5S 维持标准	
岗位区域：办公桌	
责任人：张大胆	
维护周期：1 次/天	
维持标准	①桌面及桌面物品用手擦拭无可见灰尘，物品定位摆放整齐，无人时不允许有多余物品放置在桌面上 ②地面干净整洁，无垃圾、无水渍、无可见灰尘，地面物品定位摆放整齐 ③桌面定位贴无破损，张贴横平竖直 ④文件夹按形迹线摆放整齐，形迹线整齐划一、无破损 ⑤抽屉内物品分类放置，办公用品定位摆放整齐，标识张贴整齐划一、无破损 ⑥座椅在无人坐时推到办公桌下方，椅背与桌沿平行 ⑦电源线离地管理，先用扎带捆扎，再用理线夹定位，电源头张贴标识，标识无破损

案例 2：实验台 5S 维持标准，见表 5-15。

表 5-15　实验台 5S 维持标准

（化验室）实验台 5S 维持标准	
岗位区域：实验台	
责任人：王小胆	
维护周期：1 次 / 天	
维持标准	①地面干净整洁，无垃圾、无水渍、无可见灰尘 ②台面物品定位摆放整齐，不允许有多余物品放置在台面上，台面无灰尘、水渍、残留试剂等 ③物品定位贴无破损，张贴横平竖直 ④试剂瓶用圆形定位贴定位放置，标签面朝外，试剂瓶及标签完好无损 ⑤电源线离地管理，先用扎带捆扎，再用理线夹定位，电源头张贴标识，标识无破损

案例 3：工具架 5S 维持标准，见表 5-16。

表 5-16　工具架 5S 维持标准

（维修间）工具架 5S 维持标准	
岗位区域：工具架	
责任人：王小胆	
维护周期：1 次 / 班	
维持标准	①地面干净整洁，无垃圾、无水渍、无可见灰尘，地坪漆漆面无脱落 ②工具架各层干净整洁，用手擦拭无可见灰尘、无油污，硅胶板完好无损 ③工具、物品表面无油污、水渍等，定位摆放整齐，不允许有多余物品放置在工具架上 ④工具架定位贴无破损、翘边现象 ⑤物品定位贴与标识贴的张贴整齐划一，无破损、翘边现象

案例4：工具柜5S维持标准，见表5-17。

表5-17 工具柜5S维持标准

(机加工车间) 工具柜 5S 维持标准	
岗位区域：工具柜	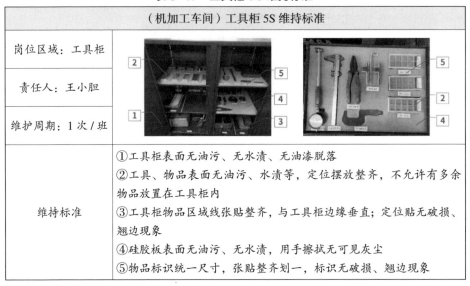
责任人：王小胆	
维护周期：1次/班	
维持标准	①工具柜表面无油污、无水渍、无油漆脱落 ②工具、物品表面无油污、水渍等，定位摆放整齐，不允许有多余物品放置在工具柜内 ③工具柜物品区域线张贴整齐，与工具柜边缘垂直；定位贴无破损、翘边现象 ④硅胶板表面无油污、无水渍，用手擦拭无可见灰尘 ⑤物品标识统一尺寸，张贴整齐划一，标识无破损、翘边现象

案例5：注塑机5S维持标准，见表5-18。

表5-18 注塑机5S维持标准

(注塑车间) 注塑机 5S 维持标准	
岗位区域：注塑机	
责任人：王小胆	
维护周期：1次/班	
维持标准	①地面干净整洁，无水渍、无油污、无可见灰尘，地面物品定位摆放整齐，定位线及标识完好无损 ②设备状态卡、机台二维码、资料夹等均张贴、摆放整齐有序 ③管路无油污，整齐有序且离地管理；线路端头张贴目视化标识 ④定位线、标识贴、喷字均完好无损、干净整洁

案例 6：工作台 5S 维持标准，见表 5-19。

表 5-19　工作台 5S 维持标准

（注塑车间）工作台 5S 维持标准	
岗位区域：工作台 责任人：王小胆 维护周期：1 次 / 班	
维持标准	①工作台表面干净整洁，无可见污渍，用手擦拭无可见灰尘 ②物品表面干净整洁，用手擦拭无可见灰尘，物品定位摆放整齐，使用后及时放回原处 ③定位贴无破损，张贴横平竖直 ④电线用扎带和理线夹整理、定位，端头张贴目视化标识 ⑤桌面不堆放与工作无关的物品，表面无可见污渍、可见灰尘，无人时不允许有多余物品放置在桌面上

案例 7：备件区 5S 维持标准，见表 5-20。

表 5-20　备件区 5S 维持标准

（模具车间）备件区 5S 维持标准	
岗位区域：备件区 责任人：王小胆 维护周期：1 次 / 班	
维持标准	①地面无可见灰尘、水渍、油污，地坪漆漆面无脱落，区域定位线无破损 ②工具架表面干净整洁，用手擦拭无灰尘、油污，物品分类合理、定位摆放整齐 ③物品标识统一按标准打印，张贴整齐有序，无破损 ④目视化看板无破损，物品类别标注无误 ⑤工具架不存放无定位、无标识的物品，存放新物品应定位、标识清楚

现场 5S 维持标准不是一成不变的，现场状态发生变化时，应及时更新亮点图片和对应的 5S 维持标准。同一岗位区域的不同时间的现场 5S 维持标准也可能有

区别。

实际工作中，下班时或交接班时，员工要将工作中使用过的工具、物品按定位要求归位，方便下次取用；忙碌时，偶尔会有随手放工具、物品的情况出现，只要不影响作业安全、品质、效率，确保工作完成后将工具、物品归位即可。

企业将各岗位、区域的现场5S维持标准制定完成后，应制作手册分发给各员工，或者把各区域的维持标准张贴在对应的区域的显眼位置，方便员工查看与核实。

5.3 宽猛相济的现场 5S 检查标准

定期进行现场 5S 检查的目的不是找由头惩罚员工，而是及时发现问题、改进工作方式、提高管理水平。

比如，发现员工使用工具后将工具随手放在一边，没有放回指定位置，不要急着责怪员工，而是要思考当前的定位管理是否合理，使用结束后立即将工具放回指定的位置是否会浪费时间、影响正常工作等，找到问题的根因后，及时采取优化措施，提高工作效率。

又如，发现地面有油污，不要仅责备员工清理不及时，而是要追溯油污的产生原因，如果是设备漏油导致的，要分析设备漏油的根本原因并及时进行解决，做好事前防范，避免类似情况再次出现。

除了做好人性化的检查管理，企业还要重点关注生产安全、产品质量，例如，员工是否按照安全规程操作设备、是否按要求佩戴劳保用品；现场的消防设施是否合格等，一旦发现不符合安全生产标准及质量要求的情况，必须立即组织安全教育及整改，消除安全隐患，确保产品质量。

5S 检查要有明确的标准，现场 5S 检查标准可以根据现场 5S 改善标准和现场 5S 维持标准制定。

5.3.1 制定现场 5S 检查标准

根据现场 5S 改善标准和现场 5S 维持标准制定现场 5S 检查标准。现场 5S 检查参考标准见表 5-21。

表 5-21 现场 5S 检查参考标准

环节	要求	检查标准
整理	区分必要品与"不要物"，并根据物品使用频次做定位管理	①现场"不要物"是否处理彻底 ②现场工作必要品是否齐全 ③现场物品是否根据使用频次放置在了合适的位置

续表

环节	要求	检查标准
整顿	定位、定量、定标识	①物品是否完成定位管理 ②物品存放数量是否超出或少于规定量 ③物品标识的张贴是否清晰无误
清扫	彻底清扫与点检	①现场是否有未发现的问题点 ②现场已发现的问题点是否整改完成
清洁	各项标准均已制定并张贴	①现场是否张贴点检标准 ②现场是否张贴5S维持标准 ③现场是否张贴责任区域划分标准

5.3.2 办公区的现场5S检查标准

办公区的现场5S检查标准见表5-22。

表5-22 办公区的现场5S检查标准

项目		检查标准
环境	地面	①地面物品摆放遵循"三定"原则 ②地面无"不要物" ③地面无垃圾、无杂物 ④地面保持整洁、干净 ⑤地面暂放物挂有暂放标识牌 ⑥地面物品均定位摆放 ⑦地面无积水
	茶水间	①茶水间保持干爽，地面及台面无积水、无水渍 ②茶水间保持整洁，物品定位摆放 ③热水器工作状态正常，无漏水现象
	洗手间	①洗手间保持整洁、干净、无杂物 ②洗手间物品定位摆放
	垃圾桶	①垃圾桶摆放遵循"三定"原则 ②垃圾桶本身干净、无污渍
办公设备	办公桌、椅	①办公桌定位摆放 ②抽屉已张贴分类标识 ③办公桌面干净、整洁 ④办公桌面物品定位摆放

续表

项目		检查标准
办公设备	其他办公设备	①消毒柜、空调、电脑、照明灯、复印机、传真机、碎纸机等设备工作状态正常 ②以上设施保持干净、无污渍 ③空调、电脑、传真机、打印机、复印机、碎纸机，以及检测设备、仪器等明确责任人
办公用品	文件夹	①文件夹及时分类、定位摆放 ②文件夹按规定做标识管理 ③文件夹内文件定期整理、归档 ④文件夹保持干净、无污渍
	文件柜内物品	①文件柜内物品及时分类、定位摆放 ②文件柜内物品保持干净、无污渍 ③文件柜内物品、资料按规定做标识管理
门、窗、墙体、宣传栏、天花板	门、窗	①门、窗保持干净、无污渍 ②门、窗玻璃保持明亮、干净 ③门上有门牌 ④窗台物品定位摆放 ⑤窗帘保持干净、无破损
	墙体	①墙体保持干净、无污渍 ②墙体没有挂着"不要物" ③墙体的电器开关处于安全工作状态，且控制对象明确 ④墙体悬挂物保持整齐
	宣传栏	①宣传栏表面保持干净、无污渍 ②宣传栏内容定期更新
	天花板	①天花板没有剥落现象 ②天花板没有吊着"不要物" ③天花板没有蜘蛛网
人员素养	着装	①按着装标准穿工作服 ②工作服、安全帽干净、无破损
	规章制度	①没有呆坐、打瞌睡、睡觉 ②没有闲谈或大声喧哗 ③没有吃零食 ④没有做与工作无关的事 ⑤保持良好的精神面貌 ⑥没有擅自串岗、离岗

续表

项目		检查标准
能源	能源	水、电、气等能源厉行节约
私人物品	工作服	①服装整齐、定位存放 ②没有服装披在椅子上的现象
	其他私人物品	其他私人物品均定位摆放

5.3.3 生产区的现场 5S 检查标准

生产区的现场 5S 检查标准见表 5-23。

表 5-23 生产区的现场 5S 检查标准

项目		检查标准
环境	地面	①地面物品摆放遵循"三定"原则 ②地面无污染源，例如，油污、颜料等 ③地面无积水、无杂物 ④地面区域划分合理，区域线、标识清晰 ⑤安全警戒区、废物区红线标识清晰
	通道	①通道有明显、合理的划分标识，保持通畅、无障碍物 ②"不要物"均及时清理至指定区域
办公设备与用品	仪器、仪表、阀门	①仪器、仪表摆放遵循"三定"原则 ②仪器、仪表、阀门保持干净，摆放整齐 ③仪器、仪表、阀门有日常保养记录 ④仪器、仪表、阀门工作状态正常
	材料、物料	①材料、物料摆放遵循"三定"原则 ②原材料分类管理 ③不良品存放于指定区域并有明确标识 ④成品及半成品分类管理 ⑤材料、物料标识统一方向（朝外） ⑥材料、物料上无粉尘、污渍 ⑦材料、物料包装无破损 ⑧"不要物"均及时清理至指定区域
	资料、标识牌	①资料、标识牌摆放遵循"三定"原则 ②资料、标识牌摆放或悬挂整齐、牢固 ③资料记录正确且具可参考性

续表

项目		检查标准
办公设备与用品	容器、托盘	①容器、托盘摆放遵循"三定"原则 ②容器、托盘保持干净，分类摆放 ③容器、托盘标识清楚，标志向外 ④容器、托盘上无乱涂乱写痕迹 ⑤容器、托盘无破损并可安全使用 ⑥危险容器、托盘有安全搬运措施
	车辆	①车辆摆放遵循"三定"原则 ②车辆均有部门标识和编号 ③车辆均保持干净且可安全使用 ④叉车有明确的责任人及日常保养记录
	工具箱	①工具存放必要且合理 ②工具箱摆放遵循"三定"原则 ③工具箱内物品摆放遵循"三定"原则
	夹具	①夹具合理分类并张贴标识 ②夹具定位摆放
	梯凳	①梯凳摆放遵循"三定"原则 ②梯凳整洁、干净、可安全使用
	清洁用品	①清洁用品摆放遵循"三定"原则 ②清洁用品干净、整洁，且在使用期限内 ③垃圾桶内的杂物按规定及时清除
	暂放物	①不在暂放区的暂放物挂有暂放标识牌 ②暂放区的暂放物定位摆放
	呆料、闲置设备	①呆料、闲置设备摆放遵循"三定"原则 ②长期在库的物品有明确标识 ③呆料、闲置设备有防尘管理并定期清扫，保持干净、整洁 ④呆料、闲置设备定时上报处理
	危险品	①危险品摆放遵循"三定"原则 ②危险品隔离堆放，远离火源，并有专人管理，在规定时间内进行点检 ③危险品表面张贴明显的警示标识 ④非使用状态的危险品存放于指定区域

续表

项目		检查标准
墙体、宣传栏、桌面	墙体	①墙体保持干净、无污渍 ②墙体没有挂着"不要物" ③墙体的电器开关处于安全工作状态，且控制对象明确 ④墙体悬挂物保持整齐
	宣传栏	①宣传栏表面保持干净、无污渍 ②宣传栏内容定期更新
	桌面	①桌面无杂物 ②桌面物品摆放遵循"三定"原则
办公设施与器材	电器、电线、开关	①电器、电线、开关均张贴标识，无安全隐患 ②电器、电线、开关保持干净、无污渍 ③电线布局合理，无安全隐患 ④节约用电，低压灯配有安全罩 ⑤电器检修时张贴、设置警示标识
	管线	①管线固定得当、牢固安全 ②管线整齐，有颜色统一的标识 ③管线干净、无污渍
	消防器材	①消防器材的摆放遵循"三定"原则 ②消防器材状态完好，可安全使用 ③消防器材有明确的责任人，并按时进行点检
	辅助设施	①风扇、照明灯等按要求定位摆放，处于完好状态，无安全隐患 ②电器无人用时处于关闭状态，无浪费现象 ③门、窗等各种公共设施干净、无破损 ④废弃设备及电器标识清楚 ⑤各种设施保持干净
人员素养	着装及劳保用品	①劳保用品摆放遵循"三定"原则 ②工作人员按规定穿戴安全帽等劳保用品 ③工作人员按规定穿工作服、佩戴厂牌
	规章制度	①无呆坐、打瞌睡，无擅自串岗、离岗 ②无闲谈、吃零食和大声喧哗 ③不看与工作无关的书籍、杂志 ④保持良好的精神面貌 ⑤无违规操作

续表

项目		检查标准
私人物品	工作服	①服装整齐、定位存放 ②没有服装披在椅子上的现象
	其他私人物品	①私人物品摆放遵循"三定"原则 ②私人衣物集中存放，合理使用更衣室铁柜 ③私人物品保持干净

总之，现场5S检查最主要的目的是评估现场管理是否还有需要改进的事项，并及时为员工解决其无法自行解决的问题，不断提高现场管理水平。

5.4 清晰明了的目视化管理标准

生产现场没有目视化管理，如同高速公路没有设置指示牌。

生产现场的目视化管理是否合格，判断标准是员工能否在生产现场快速识别以下信息。

①物料是否齐全，订单是否超期。

②哪些物料需要周转，需要周转的物料应该周转到哪个工序。

③哪些产品是不良品，不良率是否超限。

④设备是否正常运行，综合效率是多少，是否还有提升空间。

⑤哪些员工是新员工，哪些员工是资深员工。

⑥新员工能否快速了解产品的工艺流程及岗位的作业流程、方法。

比如，组装与焊接的前提是物料齐套，物料不齐套就无法生产出完整的产品，如果员工不了解物料的齐套状态，很可能造成无意义的等待、寻找，或者库存浪费。

在组装工序、焊接工序前设置物料齐套状态展示区域能有效地解决以上问题，将所有待加工的物料扫码入库，通过显示屏显示产品的物料齐套状态，如果不齐套，先显示缺少哪个物料，再根据订单交期提示生产加工顺序，让员工根据系统提示进行生产即可。

又如，钣金原材料通过设备加工下料后，物料会被配送至不同的工序进行生产加工，包括冲压、折弯、焊接、喷涂等，如果员工不了解物料的分拣情况，很可能有搬运浪费、动作浪费。

在下料区设置待周转区，并根据转运工序的不同设置相应的待周转库位，能有效地解决以上问题。员工将待转运的物料放在周转区对应的库位中，配送人员根据库位信息把物料转运到下一工序即可，能极大地提高周转效率。

通过"目视"进行有效管理的方法就是目视化管理方法——使用可视化工具和技术，以图形、图表、标识或其他可见元素的形式呈现信息，让信息更加清晰、直观、易于理解，进而提高生产管理有效性。

5.4.1 目视化管理标准的制定原则

为确保所呈现的信息能够清晰、简明地传达关键数据和作业情况，制定目视化管理标准需要遵循以下原则。

▽ 1. 信息简洁

目视化信息要简洁，只呈现与目标直接相关的关键指标，减少冗余信息，让员工能够快速理解相关内容，避免信息过多导致员工不知重点。

比如，生产进度管理看板只呈现产量目标和实际产量；产值管理看板只呈现各厂区的目标产值和实际产值。生产管理目视化看板如图 5-1 和图 5-2 所示。

图 5-1

图 5-2

▽ 2. 重点突出

突出显示最重要的信息，确保关键指标、趋势或异常情况能够立即引起员工的注意。使用特殊颜色、字号等突出重要信息，能够帮助员工更快速地识别重点。

▽ 3. 一目了然

目视化信息应该能够被快速理解，如果使用图形和图表，应该以最直观的方式呈现数据，让员工能够一目了然地了解相关情况。

比如，不良品用专属红色容器存储；为通道旁立柱设置安全防撞警示。不良品箱、防撞警示标识如图 5-3 和图 5-4 所示。

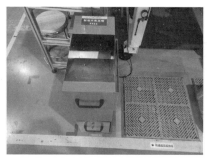
图 5-3

图 5-4

▽ **4. 元素一致**

同类物料的目视化元素应有一致性,包括颜色、标签、单位等,以便降低混淆的可能性,让员工能够更轻松地对比、理解不同看板的数据。管道液体类别标识见表 5-24。

表 5-24 管道液体类别标识

类别	ANSI/ASME A13.1 颜色 （美国标准）	ISO 14726 颜色 （国际标准）	实例
燃料气体	黄底，黑字	黄色	天然气
蒸汽	白底，黑字	白色	水蒸气
水	绿底，白字	绿色	纯净水
酸性液体	红底，白字	红色	盐酸
碱性液体	黄底，紫字	黄色	氨水
压缩空气	蓝底，白字	蓝色	压缩空气
氧气	绿底，白字	绿色	氧气

▽ **5. 更新及时**

目视化信息要及时更新,确保员工看到的是最新的信息,确保决策能够基于当前状态而不是过去状态。

▽ **6. 支持互动**

提供互动性元素,让员工能够根据自己的需求进行自定义查看,更灵活地分析数据。

比如,使用 MES 系统与显示屏实时显示生产信息和作业指导书,员工可以根据需要自行查看目标信息。工位电子管理看板如图 5-5 和图 5-6 所示。

图 5-5

图 5-6

▽ 7. 数据安全

确保目视化呈现方式不泄露敏感信息。对于敏感数据，采取适当的安全措施。

▽ 8. 信息完善

为目视化信息提供清晰的标签和说明，确保员工能够理解相关内容。

比如，为管理看板中的每个文件添加类别标识，说明管理内容。管理看板如图 5-7 和图 5-8 所示。

图 5-7

图 5-8

遵循以上原则，企业不仅可以制定出更合理的目视化管理标准，还可以设计出更有效、更透明的目视化管理工具，帮助员工更好地理解数据、高效决策、提高生产效率。

5.4.2 目视化管理的载体

在管理对象、目的、环境不同的情况下，可以在板、牌、签、物、图、线 6 种载体中选择合适的载体配合目视化管理活动。

▽ 1. 板

板，指展示板，用以展示主体对象的理化性质、分布状态、安全要求等综合信息，信息量通常较大。生产管理看板如图 5-9 和图 5-10 所示。

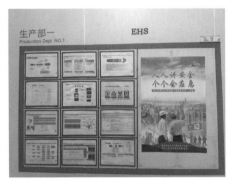

图 5-9

图 5-10

▽ 2. 牌

牌，指标识牌，用以展示人员、设备、区域、物品等主体对象的名称、位号等基本信息。此类信息相对固定，版面相对简单。区域、库位标识牌如图 5-11 和图 5-12 所示。

图 5-11

图 5-12

▽ 3. 签

签，指标签，用以标识工具、器具、物品、设备、连接线等主体对象的名称、状态等信息。此类信息变化频繁，版面可以设置人工填写区域。灭火器点检标签、物品名称标签如图 5-13 和图 5-14 所示。

图 5-13

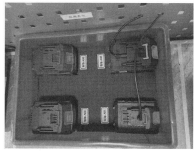
图 5-14

▽ 4. 物

物，即用实物体现目视化管理。比如，用实体护栏明确安全警示防护区域，用不同颜色的安全帽区分不同岗位的员工，如图 5-15 和图 5-16 所示。

图 5-15

图 5-16

▽ 5. 图

图，指用以标识工具、器具、设备、设施等主体对象的操作、使用方法的图像信息，版面以形象化图像为主，可搭配简单的文字说明。安全疏散图、消火栓使用方法说明如图 5-17 和图 5-18 所示。

图 5-17

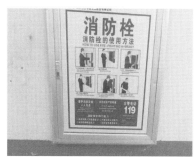
图 5-18

▽ 6. 线

线，指用以标示区域范围、工艺操作范围的界限，或指引人员行进方向的标识。通道线、物品区域定位线如图 5-19 和图 5-20 所示。

图 5-19

图 5-20

使用以上载体，工厂目视化管理主要包括厂区目视化管理、物品目视化管理、设备目视化管理、品质目视化管理、安全目视化管理、作业目视化管理、人员目视化管理、数据目视化管理等。

5.4.3 厂区目视化管理

厂区目视化管理，即用标识牌、通道线等标示工厂各区域。厂区目视化管理主要包括厂区布局目视化、车间区域目视化、厂区道路目视化、停车场目视化、井盖目视化等。

①厂区布局目视化：指引外来人员快速找到目的地。厂区布局目视化的载体如厂区布局导视牌，主要信息包括企业名称、标志、厂区平面图、区域名称、指示标志等。厂区布局目视化案例如图 5-21 和图 5-22 所示。

图 5-21

图 5-22

②车间区域目视化：提示员工及外来人员生产各区域的工序、项目划分及注意事项。车间区域目视化的载体如车间类别标识牌，主要信息包括区域名称、安全标识、区域编号、入厂须知等；车间通道标识，主要包括人行通道标识、物流通道标识、参观通道标识、地面导视标识等。车间区域目视化案例如图5-23至图5-25所示。

图5-23　　　　　　图5-24　　　　　　图5-25

③厂区道路目视化：提高工厂内道路的管理效率、安全性和整体可视性。厂区道路目视化的载体如机动车道标识、非机动车道标识、人行通道标识、人行横道标识、路缘石黄黑警示、厂区限速或限高标识、转弯路口反射镜等。厂区道路目视化案例如图5-26和图5-27所示。

图5-26　　　　　　　　　　图5-27

④停车场目视化：合理分配车位，规范内部车辆停放，方便外来车辆停靠。停车场目视化的载体如停车场标识牌。

⑤井盖目视化：标示井盖及其外沿的位置和井的类别，提示车辆避开行驶。井，包括污水井、供水井、电缆井、雨水井等。井盖标识的内容主要为不同类井盖的颜色、

文字说明等。

5.4.4 物品及设备目视化管理

▽ 1. 物品目视化管理

通过定位、定量、标识等方式对物品进行目视化管理，能帮助员工快速明确物品状态，降低出错率，提高工作效率。物品标识的主要信息包括物品名称、位置、数量、用途等。

物品，主要包括原料、辅料、在制品、不合格品、清洁工具、转运工具等。物品定位及标识目视化案例如图 5-28 和图 5-29 所示。

图 5-28

图 5-29

▽ 2. 设备目视化管理

通过视觉元素和信息的展示，提高设备管理效率、监控设备状态。设备目视化主要包括设备状态目视化、设备维护目视化、设备安全目视化、设备效率目视化。

①设备状态目视化：使用颜色、编码、图标或数字标示设备的实时状态，包括运行、停机、维护等状态；使用指示灯标示设备的运行是否正常。设备状态目视化案例如图 5-30 和图 5-31 所示。

图 5-30　　　　　　　　　　　图 5-31

②**设备维护目视化**：明确设备的维护计划、预防性维护提醒和维护历史，确保设备按时维护；提供设备保养计划、保养记录和相关文件，确保设备保养合规且及时。

比如，仪表盘用三色五段标示正常范围值与异常范围值、注油部位用红色油漆标示、点检部位用黄色油漆标示等。

③**设备安全目视化**：在设备安全操作部位用特殊的颜色或标识牌做警示，帮助员工严格按照设备安全操作规程生产。

比如，操作手柄用红色标示、为高温区域张贴高温警示牌、为传动部位添加黄色防护罩等。

④**设备效率目视化**：实时监控设备的运行效率，用电子看板展示设备的生产时间、停机时间、故障时间、换型时间等信息。设备效率目视化案例如图 5-32 所示。

图 5-32

5.4.5 品质及安全目视化管理

▽ 1. 品质目视化管理

品质目视化管理，即用颜色区分合格品与不良品，用红色线定位不良率，并通过定量管理，实时监测产品不良率。

比如，计划生产10000个产品，不良率指标为1‰，现场只设10个不良品位置，不良品数量超过10个，代表不良率超标，立即对不良品进行分析、改善。

开发实时异常报警系统、设置产品质量管理看板，都是品质目视化管理的方法。品质目视化管理案例如图5-33和图5-34所示。

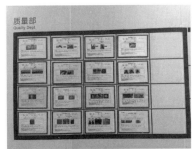
图 5-33

图 5-34

▽ 2. 安全目视化管理

安全目视化管理，即用各种标识、图片、看板等清晰呈现工作场所的安全信息，提高企业的安全管理效率和员工的安全意识。安全目视化管理的载体包括安全标识、安全疏散图、安全指示看板等。

①安全标识：明确安全操作及安全行为规范。安全标识包括禁止标识、警告标识、指令标识、提示标识、消防标识、安全设备标识、危化品标识、有毒物品标识、职业危害标识、安全操作标识等。

禁止标识用于表示某种动作或行为是被禁止的，比如禁止吸烟、禁止通行等。禁止标识如图5-35所示。

警告标识用于提醒员工注意潜在的危险及危险区域，比如注意安全、当心触电等。警告标识如图5-36所示。

指令标识用于传递指令性信息，比如必须戴安全帽、必须穿防护鞋等。指令标识如图 5-37 所示。

提示标识用于传递提示性信息，比如紧急集合点、安全出口等。提示标识如图 5-38 所示。

图 5-35　　　图 5-36　　　图 5-37　　　　　　　图 5-38

消防标识用于指示消防设备和设施的位置，提醒员工关注火警信息和紧急疏散信息。

安全设备标识用于指示安全设备的位置，比如紧急停车装置、安全开关的位置。

危化品标识用于标识危化品和危化品的容器。

有毒物品标识用于标识有毒物品、有毒物品的容器，以及有毒物品的区域。

职业危害标识用于警示员工某些工作场所可能存在危害或潜在危险，比如有化学品、毒物、放射性材料、机械设备、电气设备的工作场所。

安全操作标识用于传达重要信息，比如安全规程、操作说明等。

②**安全疏散图**：在车间布局图上标注逃生路线、紧急出口、集合点等，完善为安全疏散图，如图 5-39 所示。

③**安全指示看板**：明确关键安全指标，如安全（生产）天数、事故率等，如图 5-40 所示。

 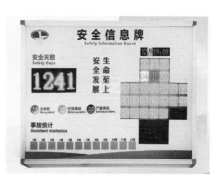

图 5-39　　　　　　　　　　　　图 5-40

5.4.6 作业及人员目视化管理

▽ 1. 作业目视化管理

作业目视化管理，即用视觉化手段呈现和展示工作过程、任务流程，以及相关信息，以提高工作效率、降低错误频率、加强各岗位员工的协作。

作业目视化管理的载体包括 Kanban 板、电子屏幕、任务卡片墙、标准化操作程序等。

① Kanban 板：以卡片的形式在看板上张贴工单或生产任务，明确待加工、加工中、已完工等状态，以便员工清晰地了解任务状态和工作流程。

② 电子屏幕：在工作场所的电子屏幕上展示关键指标、任务进度，提高生产计划的可见性和沟通效率。

③ 任务卡片墙：以卡片的形式将任务贴在墙上或白板上，根据任务状态和优先级进行分类和移动，实时跟踪任务进展、调整工作重点。

④ 标准化操作程序（SOP）：详细展示标准操作程序，包括操作步骤、安全注意事项、质量控制要求等。标准作业（生产表）如图 5-41 所示。

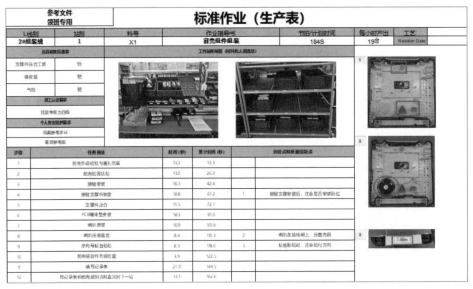

图 5-41

⑤ 人机作业或联合作业表：员工与机器或员工与员工共同完成某项工作时使

用的作业流程表，直观体现员工与机器或不同员工在不同时间段的工作内容及分工情况。

▽ **2. 人员目视化管理**

人员目视化管理主要包括员工的出勤状态目视化、着装目视化、职级信息目视化、技能矩阵目视化、岗位信息目视化等。

5.4.7 数据目视化管理

数据目视化管理，即用图表、仪表板等工具呈现数据，帮助管理者实时了解生产运营指标，主要包括P（生产效率）、Q（产品质量）、C（产品成本）、D（交货期限）、S（安全生产标准）、M（员工士气）。

目视化管理不是一劳永逸的单项工作，而是不断改进的持续性工作。企业应定期评估目视化管理的有效性，并根据反馈和变化的需求进行及时调整、更新。

第 6 章

CHAPTER

全面落地

高质量、全面落地现场 5S 改善

全面把握计划、执行、监督、反馈流程，确保现场 5S 改善工作高效、有序地落地。

6.1 整体推进,全面把握改善进度

通过了解样板区改善亮点、明确现场 5S 改善标准,各部门要用一到两个月的时间完成所有区域的整理改善和整顿改善。

为确保整体改善进度不延误,企业要督促各部门共同制订整体改善计划,明确改善内容和完成时间;各部门指导员要根据整体改善计划明确部门的具体改善事项、验收标准、负责人等细节内容。

本书第 2 章介绍过里程碑计划的制订方法,本节介绍用黄金思维圈的逻辑制订整体改善计划的方法,如图 6-1 所示。

图 6-1

6.1.1 明确目标

明确目标:以终为始,明确最终要实现的目标。

在制订整体改善计划之前,明确终极目标,让各部门有清晰的方向,确保计划的制订方向无误并具有可操作性。

整体改善计划的终极目标是所有部门按照样板区的改善标准在两个月内完成现场 5S 改善,通过验收。

6.1.2 建立指标

建立指标:建立衡量改善目标是否实现的具体指标。

通过建立指标,客观地评估整体改善计划的实施效果,及时发现问题并改进,

最终验收现场 5S 改善是否合格。

验收指标有两个，完成时间（2 个月内）和"2S"验收标准（整理验收标准、整顿验收标准）。

整理验收标准：根据物品使用频率明确"要与不要"，梳理必要品清单，确保现场有的物品都是工作需要的，工作需要的物品现场均有配备。

整顿验收标准：完成物品"三定"管理和目视化管理。

6.1.3 制定策略

制定策略：明确全面改善的具体方法和实施步骤。

企业督促各部门根据明确的目标和已建立的指标制定相应的策略，确保整体改善计划的实施方向正确、方法得当，提高工作效率。全面改善的步骤和时间节点见表 6-1。

表 6-1 全面改善的步骤和时间节点

步骤	内容	事项 / 成果	周次							
			1	2	3	4	5	6	7	8
1	指导员组织员工了解样板区改善亮点	参观学习	√							
2	指导员为员工培训整理改善步骤与方法	培训学习	√							
3	员工完成整理改善工作	必要品清单	√	√						
4	指导员为员工培训整顿改善步骤与方法	培训学习			√					
5	指导员为员工培训现场 5S 改善标准	培训学习			√					
6	员工完成整顿改善工作	"三定"改善			√	√	√			
7	指导员为员工培训目视化管理标准	培训学习					√			
8	员工完成目视化改善工作	目视化改善						√	√	
9	推进专员巡回指导员工解决问题	指导改善			√	√	√	√	√	√
10	指导员补充完善现场 5S 改善标准	现场 5S 改善标准							√	√
11	指导员制定现场 5S 维持标准	现场 5S 维持标准							√	√
12	推进专员组织召开项目管理会	例会与验收	√	√	√	√	√	√	√	√

推进部门负责整体改善计划的制订和验收时间的把控。整体改善步骤与样板区打造步骤相似，指导员应对各部门、车间的员工进行培训，手把手指导现场改善的具体方法和步骤；推进专员应在改善过程中巡回指导，协助各部门、车间的员工完成现场5S改善。

6.1.4 拆解任务

拆解任务：明确完成每一个改善步骤的具体的工作任务。

各部门指导员应根据样板区整理、整顿改善步骤，结合本部门的实际情况，将具体的工作事项分配给各岗位员工，并根据工作量明确完成期限，在改善过程中及时给予指导和资源协调。某焊接车间的整理、整顿任务拆解实例见表6-2。

表6-2　（某焊接车间）整理、整顿任务拆解

步骤	工作任务	完成标准	负责人	完成期限
整理改善	焊接工作台整理	彻底区分"要与不要"	各岗位负责人	3月1日
	工具柜内物品整理	彻底区分"要与不要"	各岗位负责人	3月3日
	焊接设备整理	彻底区分"要与不要"	各岗位负责人	3月4日
	配电柜及线缆整理	清扫灰尘、线缆离地	各岗位负责人	3月5日
	地面、墙面等公共区域整理	卫生达标	各岗位负责人	3月7日
	各焊接岗位必要品清单梳理	《必要品清单》填写完成	各岗位负责人	3月8日
	"不要物"登记与处理	《不要物登记表》填写完成	各岗位负责人	3月9日
整顿改善	车间和工位布局规划	明确布局规划方案	指导员	3月12日
	车间和工位布局调整	布局调整完成	各岗位负责人	3月17日
	工作台面物品定位	L型区域定位	各岗位负责人	3月19日
	工具柜内物品定位	形迹定位或区域定位	各岗位负责人	3月22日
	焊接设备定位	区域定位	各岗位负责人	3月24日
	物料区域定位	L型区域定位	各岗位负责人	3月26日
	配电柜目视化改善	开关标识、安全标志完备	各岗位负责人	3月28日
	车间通道划线	5cm或10cm黄线完备	各岗位负责人	3月31日
	工具、设备容器购买	容器采购完备	指导员	4月5日
	物料周转器具设计与制作	设计与制作完备	各岗位负责人	4月5日

续表

步骤	工作任务	完成标准	负责人	完成期限
整顿改善	各岗位标识统计	标识清单完备	各岗位负责人	4月5日
整顿改善	标识制作或采购	标识完备	指导员	4月10日
整顿改善	目视化标识张贴	按标准张贴完成	各岗位负责人	4月13日
标准制定	改善亮点拍照	照片完备	指导员	4月15日
标准制定	完善现场5S改善标准	按标准模板补充完成	指导员	4月20日

通过明确目标、建立指标、制定策略和拆解任务，提高改善工作的执行效率，优化改善效果，确保所有部门都能在两个月的时间内完成整理、整顿改善工作。

6.2 推进过程中的典型问题及解决方法

为确保各部门在规定时间内高质量完成现场 5S 改善工作,推进专员和各部门指导员应在改善过程中及时给予指导,统计员工反馈的问题,制订详细的改善方案并指导落地。

建议推进专员、各部门指导员和员工一起进行现场 5S 改善,这样能够第一时间发现员工在改善过程中遇到的问题和困难,及时为员工提供帮助和指导;建议推进专员在制订改善方案时邀请员工参与讨论,充分尊重员工的意见和建议,这样能够获得员工更多的支持,激发员工的改善积极性。

6.2.1 影响改善进度的问题及解决方法

问题 1:**工具不足**。改善过程中,可能会因为缺少必要的工具影响改善进度,如缺少标签、去污剂等。

解决方法:根据样板区改善工具清单,提前采购,确保改善工具提前到场。

问题 2:**人员不足**。有些部门人员有限,工作量大,无法在规定时间内完成改善工作,如备品备件仓库、设备维修部等。

解决方法:人员有限、工作量大的部门可以考虑集中资源做专题改善(周改善)。

6.2.2 影响整理改善效果的问题及解决方法

问题 1:**油污难清理**。设备表面、工作台台面、操作面板、地面等区域的油污通常较厚、较顽固。

解决方法:购买专用的强力去污剂和清洁工具。工作台台面和操作面板的清洁效果如图 6-2 和图 6-3 所示。

图 6-2

图 6-3

问题 2：铁锈难清理。 货架立柱及底部、设备基座等部位的铁锈易生且难清除。

解决方法： 在确保安全的情况下可以用电动除锈机清理。电动除锈机除锈效果如图 6-4 至图 6-6 所示。

图 6-4

图 6-5

图 6-6

6.2.3 影响整顿改善效果的问题及解决方法

问题 1：美纹纸贴不直，导致通道线画不直。

解决方法： 标记几个定位点，两个人站在美纹纸两端，用力拽紧美纹纸，第三个人间隔一段距离垂直压贴美纹纸一次，全线压贴后用抹布压紧，让美纹纸与地面充分贴合，以防刷漆过程中渗透出现毛边。美纹纸使用方法如图 6-7 至图 6-9 所示。

图 6-7　　　　　　　　图 6-8　　　　　　　　图 6-9

问题 2：用于四角定位的 L 型定位贴或美纹纸胶带容易歪斜，定位效果差，不美观。定位贴定位歪斜如图 6-10 和图 6-11 所示。

解决方法：购买或制作直角卡尺，先用卡尺画出定位位置，再张贴定位贴或美纹纸胶带，效率高，效果好。

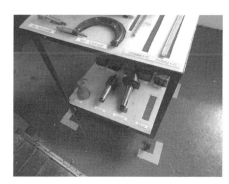 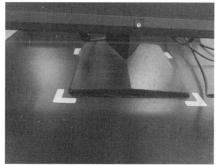

图 6-10　　　　　　　　　　　　　图 6-11

问题 3：标识贴不牢，易脱落。物品标识牌、区域标识牌等都容易遇到类似的问题。

解决方法：用双面胶和白色结构胶固定——双面胶起初步固定作用，结构胶起长久固定作用。

问题 4：使用硅胶板、EVA 泡棉或 KT 板做形迹定位时不容易裁剪出理想的形状。

解决方法：使用小尺寸的美工刀，裁剪时比较灵活。大、小美工刀使用案例如图 6-12 和图 6-13 所示。

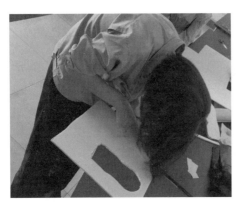
图 6-12

图 6-13

6.2.4 影响目视化改善效果的问题及解决方法

问题 1：为吊耳、护罩、手轮等部件刷油漆时油漆容易滴落，污染设备其他部件，且设备部件的凹凸处和内侧不容易涂刷均匀。

解决方法：在设备停机状态下，将吊耳、护罩、手轮等部件拆下来放进油漆桶中浸涂油漆，捞出晾干后再安装回设备。拆卸时要做好记号，确保安装无误。吊耳、手轮、护罩等设备部件的刷漆现场如图 6-14 和图 6-15 所示。

图 6-14

图 6-15

问题 2：黄黑相间警示线画线时的角度和间隔不容易掌控，画线效果差，不美观。

解决方法：制作倾斜角为 45°、宽度为 10cm 或其他固定规格的平行四边形模板，使用模板画线能够确保角度和尺寸没有误差。使用模板画警示线如图 6-16

和图 6-17 所示。

图 6-16

图 6-17

6.3 聚焦难点问题，清除改善障碍

为确保整体改善效果理想，推进部门应每周组织召开项目管理会，审视各部门现场 5S 改善的进展情况，解决改善过程中的问题，并合理协调资源。

参会成员：企业中高层领导、推进部门全员、各部门指导员和员工代表。

会议流程：首先，由推进部门汇报项目进展情况、目标达成情况、改善亮点/问题点、风险评估情况，以及下一阶段的重点工作内容；其次，由各部门指导员汇报各部门改善进度、改善成果、改善过程中遇到的问题，以及下一阶段的推进计划；最后，由企业中高层领导协调解决各部门遇到的问题，推进专员记录会议纪要并下发执行。

6.3.1 项目进展情况及目标达成情况

项目进展情况：现场 5S 改善项目的进展情况包括计划完成改善的岗位数量、已完成改善的岗位数量、完成进度等信息。项目进展情况统计表见表 6-3。

表 6-3 项目进展情况统计表

步骤	推进内容	完成时间	计划完成改善的岗位数量	已完成改善的岗位数量	完成进度
1	指导员组织员工了解样板区改善亮点	3月1日	23	21	91%
2	指导员为员工培训整理改善步骤与方法	3月2日	23	19	83%
3	员工完成整理改善工作	……	……	……	……
4	指导员为员工培训整顿改善步骤与方法	……	……	……	……
5	指导员为员工培训现场 5S 改善标准	……	……	……	……
6	员工完成整顿改善工作	……	……	……	……
7	指导员为员工培训目视化管理标准	……	……	……	……
8	员工完成目视化改善工作	……	……	……	……
9	推进专员巡回指导员工解决问题	……	……	……	……

续表

步骤	推进内容	完成时间	计划完成改善的岗位数量	已完成改善的岗位数量	完成进度
10	指导员补充完善现场5S改善标准	……	……	……	……
11	指导员制定现场5S维持标准	……	……	……	……
12	推进专员组织召开项目管理会	……	……	……	……

目标达成情况：对项目的整体目标达成情况进行评估，包括改善进度、改善成果等方面。通过评估目标达成情况，及时纠偏，确保项目推进方向无误。

6.3.2 改善亮点展示及改善问题点说明

改善亮点展示：对比展示改善前照片及改善后照片，辅以照片描述。改善亮点展示模板见表6-4。

表6-4 改善亮点展示模板

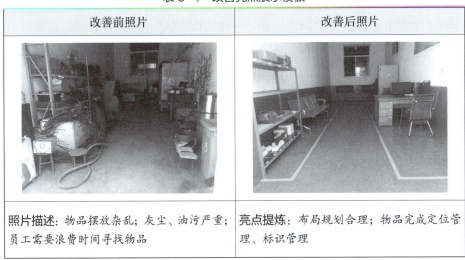

改善前照片	改善后照片
照片描述：物品摆放杂乱；灰尘、油污严重；员工需要浪费时间寻找物品	亮点提炼：布局规划合理；物品完成定位管理、标识管理

改善问题点说明：通报不符合改善标准的改善事项，明确改善方法和改善标准。改善问题点说明模板见表6-5。

表 6-5 改善问题点说明模板

问题照片	参考图片

问题描述：电机除锈不彻底	改善方法和改善标准：先彻底除锈、打磨，再刷漆，最后达到彻底洁净的程度

6.3.3 风险评估情况及下一阶段的重点工作内容

风险评估情况：对项目可能面临的风险进行评估，主要包括延期、改善效果不理想等情况，制定相应的策略，降低风险对项目的影响。

下一阶段的重点工作内容：根据整体改善计划的完成进度和效果，制订下一阶段的重点工作计划，特别关注改善进度慢、改善效果不理想的部门。

6.3.4 各部门改善进度、成果、问题及下一阶段的推进计划

改善进度及成果展示：展示各部门的现场 5S 改善完成情况，包括计划完成改善的岗位数量和已完成改善的岗位数量，并对比呈现各部门优秀的改善成果，具体呈现模板可参考表 6-4。

改善过程中遇到的问题：说明在现场 5S 改善过程中遇到的问题和困难，讨论并制订解决方案，避免对项目进度和效果造成不利影响。

下一阶段的推进计划：根据整体改善计划的完成进度和各岗位的实际完成情况制订下一阶段的推进计划，特别关注改善进度慢、改善效果不理想的岗位。

6.3.5 协调解决问题

企业中高层领导协调解决各部门在改善过程中遇到的问题,合理分配资源,确保各部门的改善任务均能够按时完成。推进专员记录会议纪要并下发执行,会议纪要模板见表 6-6。

表 6-6 会议纪要模板

会议名称:	时 间:		地 点:	
	主持人:		记录人:	
参会人员:				
序号	议题/问题	行动方案	完成日期	负责人

第 7 章

CHAPTER

巩固维持

让维持 5S 改善成果像呼吸一样简单

有些企业的工作现场在完成整理、整顿改善后不久就回到了改善前的脏、乱、差状态，出现这种问题，不是因为员工不负责任，也不是因为领导不重视，而是因为缺少一套帮助员工轻松维持现场 5S 改善成果的巩固维持机制。

本质上，巩固维持机制是一套问题解决体系。如果员工维持改善成果维持得非常辛苦，耗费的时间非常多，但效果就是不好，很可能是因为现场存在未被解决的问题，例如，不解决设备漏油问题，员工花费再多的时间都不可能让现场始终保持干净、整洁。

每解决一个问题，5S 管理就上一层台阶。

7.1 红牌作战,及时暴露并快速解决现场问题

红牌作战活动是用醒目的红色标签将现场问题标记出来并进行解决的改善活动。暴露出来的问题,都有对应的解决方法,没有解决不了的问题,只有不愿意解决问题的领导。红牌作战活动流程如图7-1所示。

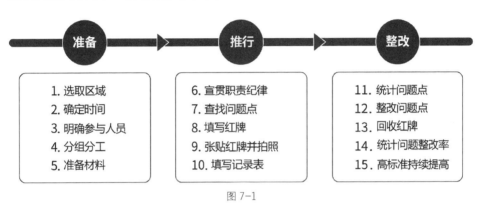

图 7-1

7.1.1 红牌作战活动的准备工作

▽ 1. 选取区域

参与红牌作战活动的区域必须是整理、整顿改善已完成70%以上的区域,例如,现场"不要物"已全面清理,必要品已按分类摆放、定位、标识等。

红牌用于标记少数未被解决的问题,如果现场有很多未完成的改善工作,张贴了非常多的红牌,不仅没有实际意义,而且会显得更凌乱。

▽ 2. 确定时间

所有部门都完成整理、整顿改善后组织开展红牌作战活动。刚开始,现场问题较多,活动间隔时间应短一些,随着活动次数的增加,现场问题会越来越少,活动间隔时间可以逐渐延长。红牌作战活动频率见表7-1。

表 7-1　红牌作战活动频率

时间	第 1～2 个月	第 3～4 个月	4 个月后
频率	1 次/周	2 次/月	1 次/月

红牌作战活动的开展时间可以安排在周二，避免周一比较忙，参与人员有限，效果不理想。建议不要将活动开展时间安排在周四或周五，避免员工当周没有充足的时间做整改。

▽ 3. 明确参与人员

参与红牌作战活动的人员要非常熟悉现场 5S 改善标准，并能够识别现场存在的问题。推进专员和各部门指导员应全程参与，此外，每个部门可以选一名员工代表参与、学习。

▽ 4. 分组分工

红牌作战活动分组数量为 3～5 组，每组人数为 3～5 人，其中，填写红牌 1～2 人，填写记录表 1～2 人，张贴红牌并拍照 1 人。红牌作战活动分组分工现场如图 7-2 所示。

图 7-2

▽ 5. 准备材料

红牌可以用红色 A4 纸打印、裁剪，记录表应用白色 A4 纸打印，胶带多为宽 12mm 的透明胶带。出于安全考虑，化工企业开展红牌作战活动时不要使用普通手机拍照，可以使用相机或防爆手机。红牌作战活动材料清单见表 7-2。

表 7-2　红牌作战活动材料清单

材料	红牌	记录表	胶带	板夹	笔	相机或手机
数量	30张/区域	4张/组	1卷/组	2个/组	2支/组	1部/组

7.1.2　红牌作战活动的详细步骤

▽ 1. 宣贯职责纪律

在红牌作战活动正式开始之前，给参与活动的员工宣贯工作职责和活动纪律，确保活动高效、有序地开展。

（1）工作职责

①推进部门负责人：负责组织和指导红牌张贴工作，并负责受检部门之间的协调。

②推进专员：负责具体执行红牌张贴工作，做好红牌登记，并负责跟进问题整改进度，做好整改过程指导和红牌回收工作。

③受检部门负责人：负责组织并全程参加本部门相关班组的红牌作战活动，跟进整改进度、确认改善效果。

④受检部门成员：全程参加本部门的红牌作战活动，负责具体执行对问题点的整改。

⑤各部门指导员：全程参与红牌作战活动，负责指导本部门对问题点进行整改，并负责汇报改善成果。

（2）活动纪律

①活动成员纪律：活动过程中，禁止大声喧哗与嬉笑打闹，以免打扰他人工作；禁止中途离开，以免影响活动进程；寻找问题时要遵循公平公正原则，不可受私人关系影响。

②受检部门纪律：活动过程中，禁止阻碍张贴红牌，以免扰乱活动秩序；禁止对问题做解释说明，以免耽误活动进度；认真记录问题点，第一时间进行整改。

▽ 2. 查找问题点

红牌作战活动的所有参与人员都要积极查找问题点，问题点包括但不限于以下内容。

①不符合整理、整顿要求的事项。

②不符合现场 5S 改善标准的事项。

③不符合现场 5S 维持标准的事项。

▽ 3. 填写红牌

红牌上的填写内容如下。

①**序号**：每个部门一套编号，例如，注塑车间的红牌编号从 01 开始，组装车间的红牌编号也从 01 开始。

②**部门**：受检部门或车间。

③**场所**：问题点所在的场所，例如，张三办公桌上的文件未做形迹定位，场所填写"张三办公桌"。

④**发现者**：发现问题的人员姓名。

⑤**发行日**：红牌作战活动的开展日期。

⑥**要求完成日**：问题点整改的完成时间。一般问题要求一周内完成整改，涉及采购或者维修的问题，时间可以放宽至一个月。

⑦**问题描述**：问题的具体内容，例如，杯子未做定位管理、定位贴缺损、设备漏油。

⑧**对策说明**：具体改善要求或标准，例如，杯子按定位标准做形迹定位管理、更换定位贴、设备漏油故障维修等。

⑨**部门、精益办**：问题整改完成后由各部门指导员和精益办人员验收，部门指导员验收合格后在部门一栏签字，精益办人员验收合格后在精益办一栏签字。

红牌及红牌填写案例如图 7-3 和图 7-4 所示。

图 7-3

图 7-4

▽ 4. 张贴红牌并拍照

当问题对象是位置固定的物品时,将填写好的红牌张贴在问题对象上;当问题对象是可移动的物品时,例如,推车、叉车,不要将红牌张贴在问题对象上,应贴在问题对象旁边,避免红牌丢失。

拍照时,要拍全问题点与红牌,保证照片能够明确问题点相关事项。用手机拍照时,应将拍摄比例设置成 4:3(横屏拍摄),便于查看;建议按照红牌序号依次拍照,便于整理。红牌张贴案例如图 7-5 和图 7-6 所示。

图 7-5

图 7-6

▽ 5. 填写记录表

根据红牌内容填写记录表,填写现场如图 7-7 所示。红牌记录表格式见表 7-3。

图 7-7

表 7-3 红牌记录表

部门:		发行日期:		组长签名:	
场所	发行序号	照片编号	问题点说明		

7.1.3 红牌作战活动的整改环节

▽ 1. 统计问题点

拍照人员填写问题点统计表并发给推进专员，推进专员按部门梳理问题点后将完善的问题点统计表发给各部门负责人。问题点统计表模板见表7-4。

表7-4 问题点统计表模板

部门	场所	问题描述	问题照片	改善后照片	负责人	计划整改时间	完成整改时间
装置A部门	罐区	电机未张贴旋转方向标识					

▽ 2. 整改问题点

各部门负责人收到问题点统计表后安排人员对问题点进行限期整改，并将负责人姓名和计划整改时间、完成整改时间填入问题点统计表，发回给推进专员。

若员工在整改过程中遇到问题，应及时找指导员或推进专员寻求帮助；推进专员需要按照计划整改时间、完成整改时间检查改善进度；指导员应在问题点整改完成后将照片填入问题点统计表，并将完整的问题点统计表发给推进专员。

▽ 3. 回收红牌

各部门不得私自取下红牌，必须由推进专员在现场确认整改符合标准后回收红牌。

▽ 4. 统计问题整改率

推进专员根据红牌回收量和改善完成情况整理红牌发行统计表，见表7-5。

表7-5 红牌发行统计表

部门	发行数	回收数	已改善	未改善	回收率	整改率	备注
财务部	7	7	7	0	100%	100%	无
出口部	3	3	2	0	100%	67%	有一个不需要改善

续表

部门	发行数	回收数	已改善	未改善	回收率	整改率	备注
质检部	12	10	10	2	83%	83%	需要采购材料
……	……	……	……	……	……	……	……

▽ 5. 高标准持续提高

随着红牌作战活动的不断开展,现场问题会越来越少,现场 5S 改善标准和现场 5S 维持标准会持续提高,各部门指导员应定期更新现场 5S 改善标准和现场 5S 维持标准。

红牌作战活动不仅是查找问题的活动,还是相互学习、持续提高的活动。通过开展红牌作战活动不断暴露并消除现场问题,企业能够持续提高 5S 管理水平。

7.2 消除污染源，打造没有污染的工作现场

如果生产现场的灰尘、油污、废料、废屑等问题没有从源头解决，员工花费再多的时间和精力也无法让现场始终保持干净、整洁。

举个例子，员工为地面刷漆防尘、为墙面刷漆复新、为上料架除锈并刷漆防护……虽然做了一系列改善工作，但是铁屑污染问题依然没有从源头解决，为了保持现场的干净、整洁，员工必须花费很多时间打扫卫生。铁屑污染地面案例如图 7-8 和图 7-9 所示。

图 7-8

图 7-9

要想帮助员工轻松地保持现场的干净、整洁，必须从污染源入手解决污染物的产生问题，让污染物彻底消失。没有污染的现场，非常容易保持良好的状态。

解决铁屑污染问题，一种方法是采购没有铁屑的原料，另一种方法是在上料架下方增设接盘，让铁屑掉落在接盘中，员工定期清理接盘中的铁屑即可。

生产现场的污染物可以大致分为 4 类：固体类、油类、液体类、气体类。根据污染物的类别和产生的原因，有 3 种解决方法可供参考。

①消除污染源，杜绝污染物的产生。例如，针对设备故障漏油、漏气等情况，可以通过设备维护、保养杜绝污染物的产生。

②集中收集污染物，控制污染范围。例如，针对物料加工过程中的屑末掉落情况，可以通过增设接盘集中收集、处理污染物控制污染范围。

③增设挡板，防止污染物飞溅扩散。例如，针对铣床加工过程中的切屑、废屑飞溅情况，可以通过增设挡板防止污染物飞溅扩散。

7.2.1 固体类污染源改善方法与案例

固体类污染源指生产过程中产生废料、残渣、粉尘等固体污染物的源头。

改善前，钻孔产生的废屑会污染钻台及周围地面，员工每天花费大量的时间打扫卫生也无法始终维持工作现场的干净、整洁。改善后，根据钻台尺寸和污染范围制作、增设了接料盘，集中收集污染物，员工在下班后将接料盘中的废屑倒入垃圾桶即可。钻孔废屑接料盘改善案例如图 7-10 和图 7-11 所示。

图 7-10

图 7-11

改善前，切屑丝飞溅污染周围地面，难以清理。改善后，根据切屑丝飞溅的路径和污染范围设计了护栏料车，有效防止切屑丝飞溅，员工定期清理料框内的废屑即可。护栏料车改善案例如图 7-12 和图 7-13 所示。

图 7-12

图 7-13

改善前，数控机床切屑丝会掉落污染接油盘和地面，废屑和切屑液混杂污染环境，非常难清理。改善后，根据切屑丝污染路径和范围设计了尺寸合适的接料车，废屑掉落入接料车，可集中处理，轻松保持工作现场的干净、整洁。切屑丝接料车改善案例如图7-14和图7-15所示。

图7-14

图7-15

打磨、抛光、锯切等环节产生的污染物均可通过定制专用的设备处理，例如，打磨除尘柜、锯切收料机。

总之，生产过程中产生的固体污染物很难从源头消除，一般采用引导方式解决相关污染问题，比如将污染物集中在某个范围内一起处理，又如在污染源头安装挡板、隔板、防护罩等防止污染物飞溅。

7.2.2 油类污染源改善方法与案例

油类污染源指生产过程中泄漏润滑油、液压油、燃料油、机油等油类污染物的源头。

①机械设备自身的润滑油、液压油、机油可能会泄漏或溢出，污染地面或设备表面。

②存储液体原料或成品的容器可能会泄漏或渗漏油类物质。

③输送管道连接处或管道本身可能会泄漏或渗漏油类物质。

④生产过程中，可能会因为员工操作失误或设备故障导致油类物质泄漏或溢出。

为了杜绝油类污染物的产生，可以采取以下具体措施。

①定期检查机械设备，及时更换老化或磨损的密封件、管道，确保密封件完好、管道无渗漏，降低润滑油、液压油等油类物质的泄漏风险。

②根据设备密封件的维修及更换记录评估密封件的生命周期，及时更换密封件，防止设备漏油。

③使用质量可靠的设备和容器，降低泄漏或渗漏的可能性。

④为员工培训安全操作规程，建立应急处理系统，以便发生泄漏事故时能够迅速处理，减少污染范围。

⑤在关键地点安装油污监测设备，以便及时发现并处理泄漏问题，防止污染扩散。

⑥在设备周围设置防护垫或防护墙，防止污染扩散。

例如，面对垫片损坏导致的模温机电机漏油污染地面情况，员工通过更换损坏的垫片解决了污染问题。模温机电机漏油改善案例如图 7-16 和图 7-17 所示。

图 7-16　　　　　　　　图 7-17

总之，设备漏油问题比较容易解决，明确故障点后完成维修即可。

7.2.3 液体类污染源改善方法

液体类污染源指生产过程中泄漏各种化学品、溶剂、废水等液体类污染物的源头。

生产过程中使用的各种化学品，如酸碱溶液、有机溶剂、腐蚀性液体，可能由于管道破裂、设备故障、操作失误等原因发生泄漏；生产过程中产生的含有有机物、重金属或其他有害物质的废水，可能被直接排放到自然环境中。

为了杜绝液体类污染物的产生，可以采取以下具体措施。

①定期检查生产设备和管道，及时更换老化或磨损的密封件、管道，确保其完好无损，防止泄漏事件的发生。

②明确安全操作规程，对员工进行全面培训，使他们了解并掌握正确的设备操作方法和紧急情况处理方法，减少因操作失误导致的液体泄漏事件。

③安装泄漏监测设备，完善报警系统，及时发现液体泄漏情况并正确处理，防止污染扩散。

④妥善管理废液的存储和处置，使用密封的存储容器对液体废弃物进行分类、集中存放，并委托合法的废液处理单位进行安全处置。

7.2.4 气体类污染源改善方法

气体类污染源指泄漏各种有害气体或飞散各种挥发性有机化合物的源头。

常见的有害气体和挥发性有机化合物如下。

①氮氧化物（NO_x）：主要来自燃烧过程，如燃煤、燃油等。

②二氧化硫（SO_2）：来自燃烧过程，尤其是燃煤。

③氨气（NH_3）：可能来自化肥生产或者有机物分解。

④挥发性有机化合物（VOCs）：如甲苯、苯乙烯，常见于溶剂、油漆等工业用品中。

为了杜绝气体类污染物的产生，可以采取以下具体措施。

①使用先进的燃烧设备和技术。例如，使用低氮氧化物燃烧技术、脱硫装置，可以减少燃烧过程中氮氧化物和二氧化硫的排放。

②安装气体净化装置。例如，使用脱硫装置、氮氧化物吸收器对待排放气体进行处理，可以减少有害气体的排放。

③使用节能、环保的生产工艺和设备，减少能源消耗和污染物排放。使用封闭设备和废气回收利用、气体吸附等技术，控制挥发性有机化合物的挥发和排放。

④培训员工严格按照操作规程作业，加强过程监测和管理，确保生产过程中的气体排放符合相关标准和法规。

现场 5S 改善过程中应重点关注的污染源为固体类污染源和油类污染源，因为固体类污染物和油类污染物对现场环境的影响比较大，消除后环境改善效果比较明显。气体类污染源和液体类污染源应让更加专业的安环部门重点关注、消除。

7.3 针对工作难点，解决清扫与点检难题

只有确保员工不超负荷工作，员工才有充足的时间和精力维持现场 5S 改善成果。

改善前，激光下料区域的金属板平铺在地上，员工打扫卫生时要用行车将板材挪开，耗时、费力、不安全。现场 5S 维持标准要求员工每天打扫一次卫生，确保地面干净、整洁、无灰尘，但由于打扫卫生非常麻烦，员工打扫卫生的频次越来越低，现场 5S 维持状态越来越差。

改善后，制作高度为 30cm 左右，尺寸比板材尺寸略大的物料存储平台，生产现场的物料不直接与地面接触，预留了一定的空间便于打扫卫生，员工不需要挪动板材就可以做好现场 5S 维持工作。物料离地改善案例如图 7-18 和图 7-19 所示。

图 7-18

图 7-19

7.3.1 清扫改善方法与案例

清扫难点包括设备缝隙、高空等清扫工具够不着的地方，只有从源头解决员工清扫困难的问题，让员工能够轻松完成清扫工作，员工才愿意及时清扫工作现场。

一线员工最清楚自己的工作现场有哪些清扫困难点，并大多有可落地的改善思路，建议企业让员工自己明确工作现场的清扫困难点，以照片或视频的形式提

报给指导员，随后，指导员根据员工提报的清扫困难点及解决思路整理清扫困难点统计表，见表7-6。

表7-6 清扫困难点统计表

序号	员工	清扫困难点描述	照片或视频	员工的解决思路
1	张三	加工时木屑飞溅，不容易清扫		购买吸尘器
……	……	……	……	……

推进专员应负责组织各部门指导员和员工代表讨论员工提报的清扫困难点，制定具体的改善措施。

清扫改善方法有以下4种。

①设计、购置专用的清扫工具，让清扫更省力。

②抑制污染物扩散，让清扫更高效。

③让难以清扫的地方不容易脏。

④对平铺在地面上的物品进行离地管理。

▽ 1. 设计、购置专用的清扫工具

案例一：制作柱形清扫工具放在传送带上，自动清扫传送带缝隙中的杂物，如图7-20所示。

案例二：制作毛刷固定在传送带上方，自动清扫传送带上的灰尘，如图7-21所示。

案例三：制作长柄搂耙，清扫设备底部的垃圾，如图7-22所示。

图7-20

图7-21

图7-22

针对高处清扫点或者狭窄空间，可以根据清扫需求改进现有工具，设计有伸缩功能的清扫工具或特殊形状的清扫工具，也可以购置新型清扫工具，比如，添加延长杆、更换清洁头、修改手柄；又如，购置自动清扫机器人、高效的吸尘器或者激光清洁器，均可提高清扫效率、优化清扫效果。

▽ 2. 抑制污染物扩散

为了避免废屑飞溅污染环境，可以根据废屑的污染范围和路径制订防扩散改善方案，集中污染物，快速清扫。抑制污染物扩散改善案例如图 7-23 至图 7-25 所示。

图 7-23　　　　　　　　图 7-24　　　　　　　　图 7-25

方法一：对可能产生污染物的设备或区域进行密封管理，防止污染物向周围扩散。例如，确保液体容器能够密封，防止液体泄漏。

方法二：在污染源周围设置隔离设施。例如，围栏、防护墙。

方法三：设置警示标志，让更多人关注污染源、阻止污染物扩散。例如，设计可以密封的存储柜存储有害的化学品，设置警示标志，确保污染物不会扩散。

方法四：将所有污染物集中到特定区域进行处理，减少污染物的扩散。例如，设置专门的废物处理区域，统一处理废液、废气和废料。

方法五：定期检查设备和管道，及时解决跑冒滴漏等问题，防止污染物扩散。例如，定期检查管道密封性，更换老化的密封件，防止化学品泄漏。

▽ 3. 让难以清扫的地方不容易脏

案例一：设备传动部位的灰尘难以清扫，用护罩防护后，清扫护罩表面即可，如图 7-26 所示。

案例二：使用不锈钢材质的推车，灰尘不易附着，非常容易清扫，如图 7-27 所示。

图 7-26　　　　　　　　　　　　图 7-27

方法一：在容易积尘的位置覆盖防尘材料。例如，使用塑料膜、橡胶垫覆盖容易积尘的位置，可有效防止灰尘堆积，降低清扫频率。

方法二：使用表面光滑的设备、工具，减少灰尘、污垢等污染物的附着。例如，医药行业多使用不锈钢材料的周转器具，减少污染物的附着，使清扫更加容易，同时提高清场效率。

方法三：尽量减少工作场所的死角和凹凸设计，降低污垢和灰尘的积聚概率。例如，医药行业的周转器具多为平面构造，规避方管拼接，能降低清扫的难度，提高清场效率。

▽ **4. 对平铺在地面上的物品进行离地管理**

生产现场的线管、物料要尽量避免直接平铺在地面上，对线管、物料进行离地管理，能降低地面清扫难度。线管离地管理案例如图 7-28 和图 7-29 所示。

图 7-28　　　　　　　　　　　　图 7-29

7.3.2　点检改善方法与案例

清扫的过程同时是点检的过程，员工应该在清扫的同时对生产设备进行日常点检，确保生产设备正常运转。

实际工作中，企业需要提高点检的透明度和可操作性，降低点检对专业度的要求，做到人人可点检。

▽ 1. 点检内容可视化

点检内容可视化，即对看不见或不易识别的异常做可视化管理，让员工知道判断异常的规则即可准确识别是否有异常。例如，使用颜色标示设备运行正常与否。

举个例子，对设备仪表盘做三色五段标识管理，绿色代表正常范围值，黄色代表警示范围值，红色代表异常范围值，员工只需要知道判断异常的规则即可快速、准确地点检设备运行是否正常，如图 7-30 所示。

再举一个例子，在中央空调出风口绑扎红色飘带，员工可以根据飘带状态快速识别空调开关状态，如图 7-31 所示。

图 7-30

图 7-31

▽ 2. 点检标准明确化

点检标准明确化，即根据设备的特点和操作经验制定清晰、具体、易于理解的点检标准，包括检查的内容、频率、方法等，确保所有操作人员都能理解和执行。

比如，在点检部位张贴点检标识卡，用不同形状的标识卡区分自检内容与专检内容，用不同的颜色区分点检部位的点检周期。设备液压管与油箱接头处的点检标识卡如图 7-32 所示。

图 7-32

又如,使用设备流量计做刻度及颜色标识管理,在流量计的刻度线上用红色标识贴标示标准流量,在流量计旁边张贴点检标准。设备流量计标识改善案例如图 7-33 和图 7-34 所示。

图 7-33

图 7-34

▽ 3. 点检路径清晰化

点检路径清晰化,即根据设备的布局和点检部位明确点检路线,清晰地标注每个点检事项,让点检人员按顺序依次点检,确保没有遗漏。点检路径改善案例如图 7-35 和图 7-36 所示。

图 7-35

图 7-36

7.4 组织评比活动，鼓励良性竞争

现场 5S 改善成果不能仅靠员工自觉维持，企业应该给予足够的物质奖励和精神激励。

有些企业每个月会给评比第一名所在的班组三五百元的奖金，殊不知这点奖金根本无法刺激员工去争夺第一，甚至会起反作用——员工认为反正第一名也没多少奖金，得不得第一名无所谓。若进入恶性循环，所有部门都会逐渐"摆烂"。

招聘一个保洁打扫卫生，一个月要支付几千元的工资，而 5S 管理做得好，根本不需要招聘保洁。若企业能每个月拿出 5000 元奖励第一名所在的班组，让员工有心动的感觉，员工会更努力地做好现场 5S 改善和维持。

<u>注意，组织评比活动只奖励第一名，而且是重奖，"雨露均沾"等于慢性自杀。</u>

有些企业每个月用于评比奖励的钱不少，但是 5S 管理的效果并不理想，这很可能是因为奖项太多，奖金分散，员工会认为反正单项奖金不多，做得好不好无所谓。这种雨露均沾的奖励机制会让部门之间懒于竞争。

对应"奖要奖得痛快"，罚，要罚到心痛。

轻描淡写的处罚很难刺激被处罚者的神经，只有处罚到心痛，才能让被处罚者重视 5S 管理。

可参考以下处罚方式。

对评比活动倒数第一的部门的领导进行处罚，扣除其一半绩效奖金（甚至可以是全部绩效奖金），如果第二个月该部门不是倒数第一，将上次扣除的奖金返还；如果第二个月该部门还是倒数第一，继续扣除部门领导一半绩效奖金；如果第三个月该部门不是倒数第一，将前两次扣除的奖金返还；如果第三个月该部门还是倒数第一，继续扣除部门领导一半绩效奖金。在知道规则的情况下连续 3 次倒数第一，高层领导要约谈该部门领导，明确到底是态度问题还是能力问题，如果是态度问题，建议从重处理；如果是不具备管理能力导致的，建议调离管理岗位。

处罚不是目的，目的是让各部门领导重视 5S 管理，持续提高管理水平。

7.4.1 明确评比单位与评分标准

▽ 1. 明确评比单位

先分办公区与生产区，再将办公区细化为各部门，如财务部、销售部，将生产区细化为各车间，如焊接车间、装配车间。评比单位信息统计表见表7-7。

表7-7 评比单位信息统计表

区域	部门/车间	组/科/区	人数（人）	面积（m²）
办公区	财务部	会计组、发票组、应收科、出纳科	30	100
	销售部	业务科、招投标科	27	267
	……	……	……	……
生产区	焊接车间	激光焊接区、氩弧焊接区、机器人焊接区	16	2000
	装配车间	来料区、组装区、成品暂存区	24	3100
	……	……	……	……

▽ 2. 明确评分标准

分数 = 5S评分表得分 × 加权系数 K + 加减分（改善率、改善亮点）。

（1）5S评分表得分 =（100- 问题扣分）×70%+ 整体印象分 ×30%

按照现场5S检查标准检查，每发现一个问题扣1分；整体印象分的满分为100分，以5分为档差进行评分。

由于各评比单位所在区域的现场5S维持难易程度不同，设定加权系数K使评比结果更公平。

（2）加权系数 $K=\{[K_1+(K_2 \times K_3)+K_4]/3+(K_1 \times K_2 \times K_3 \times K_4)\}/2$

① K_1：整理、整顿难度系数。

主要考虑评比单位所在区域的整理、整顿难度，例如，有无公用通道、有无外界交换污染源、有无重度粉尘污染源。整理、整顿难度越高，系数 K_1 数值越大。系数 K_1 参考标准见表7-8。

表 7-8　系数 K_1 参考标准

污染源描述	一般区域	有公用通道	有外界交换污染源	有重度粉尘污染源	……
系数 K_1	1.0	1.1	1.2	1.3	……

② K_2：面积系数。

主要考虑评比单位所在区域的面积占总评比区域的面积的比例。评比单位所在区域的面积占比越大，系数 K_2 数值越大。系数 K_2 参考标准见表 7-9。

表 7-9　系数 K_2 参考标准

面积比例	≤5%	6%~9%	10%~14%	15%~19%	20%~23%	24%~27%	28%~31%	32%~35%	≥36%
系数 K_2	0.96	0.97	0.98	0.99	1.00	1.01	1.02	1.03	1.04

③ K_3：人数系数。

主要考虑评比单位人数占总评比人数的比例。评比单位人数占比越小，系数 K_3 数值越大。系数 K_3 参考标准见表 7-10。

表 7-10　系数 K_3 参考标准

人数比例	≤5%	6%~10%	11%~15%	16%~20%	21%~25%	26%~30%	31%~35%	36%~39%	≥40%
系数 K_3	1.04	1.03	1.02	1.01	1.00	0.99	0.98	0.96	0.94

④ K_4：素养系数。

主要考虑评比单位直接作业人数占评比单位总人数的比例。评比单位直接作业人数占比越小，系数 K_4 数值越大。系数 K_4 参考标准见表 7-11。

表 7-11　系数 K_4 参考标准

直接作业人数比例	≤85%	86%~87%	88%	89%~90%	91%~92%	93%~94%	95%~96%	97%~98%	≥99%
系数 K_4	1.04	1.03	1.02	1.01	1	0.99	0.98	0.97	0.96

根据加权系数 K 的计算公式和系数 K_1、K_2、K_3、K_4 的参考标准计算各评比单位的加权系数 K 的数值。加权系数统计计算表见表 7-12。

表 7-12 加权系数统计计算表

部门	K_1	面积/m^2	占比	K_2	人数	占比	K_3	直接作业人数	占比	K_4	K
行政部	1.0	65	3%	0.96	3	2.5%	1.04	3	100%	0.96	0.97
……	……	……	……	……	……	……	……	……	……	……	……

（3）加减分 = 改善率得分 + 改善亮点得分

改善率指问题改善完成比率，问题包括但不限于临时检查、两源改善、红牌作战、评比活动中暴露出的问题；改善亮点包括但不限于有收益的改善事项、可推广的改善事项、能提高工作效率的改善事项等。

改善率以 85% 为基准，改善率 = 85% 时，不加不减分；改善率每降低 2%，扣 1 分；改善率每提高 2%，加 1 分。

改善亮点以 2 为基准，改善亮点 =2 时，不加不减分；改善亮点每减 1，扣 2 分；改善亮点每加 1，加 2 分。

7.4.2 明确奖惩标准与评比细节

▽ 1. 明确奖惩标准

奖要奖得心动，罚要罚到心痛！

分区域给予每月评比第一名所在的班组奖励，办公区奖金少一些，生产区奖金多一些，一定要足以令各评比单位的员工心动。例如，办公区奖金 2000 元，生产区奖金 5000 元。

分区域给予每月评比最后一名所在的班组的领导处罚，办公区处罚少一些，生产区处罚多一些，一定要足以令相关领导心痛。例如，办公区处罚 1500 元，生产区处罚 3000 元。

除了要有物质奖惩，还要有精神奖惩。例如，每月评比第一名所在的班组获得羚羊旗，最后一名所在的班组获得蜗牛旗，要求相关班组将旗子悬挂在工作区域内最显眼的位置。

若各评比单位的成绩均未达到 85 分，第一名无奖金（连续 3 个月获得第一名，给予荣誉奖金）；第一个月的最后一名第二个月不是最后一名了，返还第一个月的罚金，若连续 3 个月都是最后一名，企业高层领导约谈相关负责人。

▽ 2. 明确评比频率

根据企业的实际情况确定。例如，一周 1 次、半个月 1 次、一个月 1 次。

一周 1 次评比频率较高，各部门指导员不一定有足够的时间；一个月 1 次评比频率较低，评比结果具有偶然性，不太有说服力，因此，每半个月评比 1 次最佳。

▽ 3. 明确评比团队

评比团队一般由推进专员、各部门指导员及各部门负责人组成。

▽ 4. 明确评比流程

推进专员负责组织评比团队开展现场 5S 评比活动。

推进专员临时通知现场 5S 评比活动的时间，评比顺序随机，评比团队现场查找问题后填写现场 5S 评分记录表，见表 7-13。

表 7-13 现场 5S 评分记录表

评比单位	序号	区域	问题点描述	整体印象分
硫黄车间	01	反应工序区域	消防栓安全警示线颜色错误	85
	02	反应工序区域	工具柜内有未定位的杂物	
	……	……	……	
……	……	……	……	……

评比团队对问题事项进行拍照，评比活动结束后整理现场 5S 评比问题统计表，见表 7-14。

表 7-14 现场 5S 评比问题统计表

评比单位	区域	问题点描述	问题点照片	改善后照片	负责人	计划改善时间	完成改善时间
硫黄车间	反应工序区域	消防栓安全警示线颜色错误					
……	……	……	……				

各评比单位针对现场 5S 评比问题统计表中的问题事项安排专人进行整改，整改后将现场照片及相关信息填入现场 5S 评比问题统计表，并将统计表发给推进专员。

7.4.3 现场问题的统计、整改及总结

▽1. 统计现场问题

推进专员负责确认现场 5S 评比问题统计表中的问题项，如有重复，剔除重复问题项发给各评比单位。

▽2. 统计评比结果

推进专员根据各评比单位报送的现场 5S 评分记录表和现场 5S 评比问题统计表计算各评比单位的现场 5S 评比得分。推进专员在每次开展评比活动时统计各评比单位的前次问题改善率和现场改善亮点数量——各评比单位按要求提报，推进专员审核，审核后填入现场 5S 评比结果统计表，见表 7-15。

表 7-15 现场 5S 评比结果统计表

区域	评比单位	问题数	评比得分	印象得分	K	评比总分	改善率	得分	改善亮点数	得分	总分
生产区	硫黄车间	10	90	83.6	1.07	94.2	92%	3	1	-2	95.2
	母胶粒车间	8	92	83.7	1.03	92.2	83%	-1	2	0	91.2
	……	……	……	……	……	……	……	……	……	……	……
……	……	……	……	……	……	……	……	……	……	……	……

▽3. 整改现场问题

各评比单位收到推进专员发送的现场 5S 评比问题统计表后安排专人限期整改，改善过程中，指导员和推进专员应随时提供指导。整改结束后，指导员将改善后的现场照片及相关信息填入现场 5S 评比问题统计表，并将统计表发给推进专员。

▽ 4. 组织表彰大会

推进部门定期组织召开项目管理会议，在项目管理会议上对现场 5S 评比结果进行公布并表彰、宣传。

不管是红牌作战活动、两源改善活动，还是现场 5S 评比活动，都是不断发现问题并解决问题的活动。通过红牌作战，明确现场 5S 改善的遗留问题并快速解决，确保生产环境的整洁和安全；通过污染源改善，从源头消除污染物，打造没有污染的生产现场；通过困难源改善，帮助员工轻松、高效地完成清扫和点检工作；通过现场 5S 评比，鼓励良性竞争，激发各部门的竞争意识和团队合作意识，不断提高 5S 管理水平。只有不断解决问题，让员工更加轻松地工作，现场 5S 改善成果的维持才能长久。

第 8 章

CHAPTER

持续改善

持续提升 5S 管理水平

推行 5S 管理强调全员参与，不仅参与 5S 管理，还参与解决生产现场更深层次的问题。通过建立全员改善机制，提高员工发现问题的能力，让基层管理者掌握分析问题的思路及解决问题的方法，对持续提升企业的 5S 管理水平来说是非常重要的。通过发现问题与解决问题，能在提高全员素养的同时筛选人才、培养储备干部，为企业持续发展奠定坚实的基础。

8.1 识别与改善七大浪费

客户是否愿意为员工的工作内容买单,是判断有无工作浪费的唯一标准!

工作,有 3 个组成部分:增值工作、非增值但必须做的工作、非增值且可去除的工作。

增值工作:增加原材料价值的工作,即客户愿意为之买单的工作。工厂内主要有 4 种增值工作,使物料变形,如机加工;组装装配,如家电组装;改变性能或形态,如石油化工;部分包装,如礼物包装。

非增值工作类型 1:不增加原材料价值但必须做的工作。例如,产品过程检验、设备维护等,如果不做,可能会造成损失。

非增值工作类型 2:不增加原材料价值并且可以去除的工作。例如,等待、重复搬运、多余的走动等,去除这些工作,没有不良后果。

通过 5S 管理,能够轻松识别生产过程中的七大浪费,包括过量生产浪费、库存浪费、等待浪费、搬运浪费、动作浪费、过度加工浪费、不良生产浪费。

8.1.1 过量生产浪费识别与改善

过量生产浪费,指上游供应早于或多于下游客户的实际需要。

在生产系统中,客户指物料或产品的使用者,例如,采购的客户是生产、上工序的客户是下工序、生产的客户是经销商。

▽ 1. 原辅料过量采购

原辅料早于生产使用的时间或多于生产使用的数量到厂是过量生产的表现,会导致原辅料库存积压。最理想的原辅料到厂状态是明天用,今天到;用多少,到多少。

例如,某些产业集群中的各级供应商会围绕核心客户建厂,客户有物料需求时能够快速响应,及时送货到厂,有些供应商甚至会根据客户的生产计划按日或按小时配送物料。

大部分企业做不到原辅料明天用，今天到；用多少，到多少，具体原因如下。

①为了应对订单量的不确定，确保能够及时满足可能出现的需求，会过早或过多地采购原辅料。

②某些原辅料受季节性需求影响较大，需要提前采购，应对季节性销售高峰。如果预估不准确，会导致过量采购。

③某些原辅料经常延期到货，为了确保生产不受影响，会提前采购。

④某些原辅料的价格波动较大，为了节约成本，在原辅料价格较低时大量采购，会导致原辅料堆积。

⑤销售预测不准确或生产计划波动较大，会导致原辅料采购量过多或采购过早。

⑥某些原辅料需求较少，但供应商有最低采购量要求，会过量采购。

⑦大批量采购价格有优惠时，会过量采购。

▽ 2. 生产制程协调不佳

上游工序生产数量、时间多于或早于下游工序生产需求是过量生产的表现。

某产品需要经过 A、B、C、D 四大工序加工成成品，各工序每日产能分别为 20 件、18 件、15 件、23 件，通过产能分析，可以看出瓶颈工序为 C 工序，瓶颈工序前的工序每日生产数量多于 15 件便意味着过量生产——瓶颈工序前的待加工产品会越积越多，导致库存浪费、等待浪费、搬运浪费等。该产品工艺流程信息如图 8-1 所示。

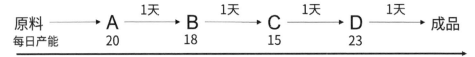

图 8-1

在已知各工序产能不一致的情况下未及时调整，导致生产制程协调不佳的可能的原因是什么呢？如下。

①虽然意识到每日投料多于 15 件产品的用料是过量生产，但是由于考核方式

不合理，依然不停地投料，造成库存积压。

例如，考核标准是各工序的产量，员工拿计件工资，产量越高，员工工资越高。在这种情况下，各工序会满负荷生产，至于造成的在制品库存积压，没人在意。

②为了预防可能出现的异常情况，比如突然接到大量的新订单，提前投料生产，导致过量生产。

③为了提高设备利用率，不关注订单的实际支付时间，不着急发货的订单也积极投料，导致过量生产。

▽ 3. 过量生产的不良效应

①占用物料、人工及设备，生产计划没有柔性，无法快速响应临时出现的市场需求。

②无法及时发现质量问题，且很可能产生搬运浪费。

③占用空间，导致生产场地紧张。

④占用流动资金，影响企业利润和正常经营。

▽ 4. 过量生产浪费的改善

（1）空间缓冲拉动管理

以空间为缓冲拉动前道工序生产，防止过量生产。

生产线上，各工序之间都有一段空间，用来临时存放产品或零部件。设置这个空间的目的是提供缓冲区，确保生产顺畅进行。如果这个空间还有剩余，上游工序可继续生产，直到填满这个空间为止。根据这个缓冲空间的状态，上游工序可更清晰地确定何时应该停止生产。

（2）鼓-缓冲-绳（DBR）排程管理

进行DBR排程管理，可高效地控制生产，防止过量生产。

鼓（Drum），能给整个乐曲提供节奏和节拍，在生产中，瓶颈工序就像一个鼓，其生产速度决定了整个生产系统的产出速率。图8-1中的C工序，就是其所在生产系统的瓶颈，每日生产计划不应超过C工序的日产能，这样才能确保不会过量生产。

在瓶颈工序前设置缓冲（Buffer）空间，能确保瓶颈工序连续工作。如图8-1所示，在瓶颈工序C前设置一定量的缓冲空间，能确保在A工序或B工序异常停产时，瓶颈工序C能够继续生产。确保瓶颈工序不会因非自身的问题停产，能保障整个生产系统的有效产出。

绳（Rope）是一种控制信号，用于调节非瓶颈工序的生产速率，确保不会过量生产。通过设置绳的长度控制非瓶颈工序的产量，能确保各生产工序的生产速率保持协调。

总之，进行DBR排程管理，能够有效地控制生产速率，避免资源浪费，确保整个生产系统以最大效率运行。

（3）订单评审管理

产品生产时间早于客户需求的时间或产品生产数量多于客户需求的数量都是过量生产的表现。以客户需求为核心实施拉动式生产是避免产品过早入库的有效途径，通过订单评审，加强订单交期确认，可以有效防止产生虚假急单。

某产品需要经过A、B、C、D四大工序加工成成品，各工序每日产能分别为20件、18件、15件、23件，生产周期为8天，包括产品加工时间和缓冲时间（缓冲时间的作用是应对生产过程中的异常等待，让生产过程不至于太过紧张。有一定的缓冲和弹性，生产过程会更加顺畅）。

假如当前日期为3月1日，该产品的物料采购周期为10天，还未排产的订单有150件，即还有10天的工作量在排队。

现在接到一个订单，要求3月25日交付10件产品。根据订单交期倒推投料日期，生产周期8天，订单量10件，投料日期为3月17日。根据投料日期倒推，确定物料采购到厂日期应为3月16日，物料采购周期为10天，根据物料采购周期和到厂日期倒推，确定物料采购计划下发日期为3月6日。

当前日期为3月1日，距离物料采购计划下发日期还有5天，距离投料日期还有16天，未排产订单量为10天的工作量——只要按时采购物料，即可满足交期需求，新订单并非急单。

由客户需求拉动生产计划和采购计划，可以有效避免过早入库浪费和过早采购浪费。

8.1.2 库存浪费识别与改善

任何超过生产产品过程的需求的供应都是库存浪费。例如，超需求的原材料库存、备品备件库存、在制品库存、半成品库存、成品库存等。

1. 造成库存浪费的原因

①供应商有最低采购量，造成原料库存浪费。

②排产时未考虑瓶颈工序的产能，过度排产，造成在制品库存浪费。

③为了提高设备利用率，批量生产，造成在制品库存浪费。

④售后退货、返修处理，造成产品库存浪费、售后配件库存浪费。

⑤研发工艺等变更，造成呆滞物料库存浪费和成品库存浪费。

2. 库存浪费的不良效应

①导致搬运、堆积、放置、寻找、防护处理等动作浪费。

②占用流动资金，增加企业的财务费用。

③占用厂房、库房空间，以及料架、人员。

④物品的价值会随时间流逝降低，可能变成呆滞品。

⑤为先进先出管理带来更大的难度和更多的管理成本。

3. 库存浪费的改善：明确满足生产需求的合理库存量

为了确保瓶颈工序能够连续生产，应在瓶颈工序前设置一定量的缓冲空间。当瓶颈工序前的缓冲空间内的库存量超过合理的缓冲库存量时，前道工序应停止生产，防止出现库存浪费。

（1）缓冲库存量取决于瓶颈工序前道工序的异常停产时间

假设瓶颈工序前道工序每日异常停产 30 分钟左右，瓶颈工序前的在制品缓冲库存量应为瓶颈工序的 30 分钟生产量，可以适当多一些。这样，瓶颈工序的前道工序停产时，不影响瓶颈工序的正常生产。

（2）通过瓶颈工序的每日产能与生产周期判断在制品库存量是否合理

假设瓶颈工序的每日产能为 15 件，生产周期为 8 天，理想状态下的在制品库存量＝瓶颈工序的每日产能 × 生产周期＝120件。若在制品库存量远多于120件，说明存在在制品库存浪费。

需要特别说明的是，设备关键零配件和易损件要有一定量的库存，避免设备故障时因没有配件供维修使用影响正常生产。

（3）根据各备件的采购周期和采购周期内的使用数量确定最高库存量

例如，某法兰采购周期为7天，该法兰的7天最大使用量为3件。该法兰最高库存量可以确定为3件——既不影响生产使用，又不会造成库存浪费。

（4）使用动态缓冲管理方法管控原辅料库存和采购计划

将原辅料最高库存量平均分成3份，分别用绿色、黄色、红色标示分界线。以一个采购周期为监控周期，若库存消耗量连续5个监控周期处于最高库存限额2/3（含）及以上的位置（绿区），说明最高库存量设置过高，大部分库存没有被使用，需要将最高库存量降低1/3；若库存消耗量连续2个监控周期处于最高库存限额1/3（含）及以下的位置（红区），说明最高库存量设置过低，可能会影响生产，需要将最高库存量增加1/3；最理想的状态是监控周期内库存消耗量始终处于黄区，说明最高库存量没有设置过高，造成浪费，也没有设置过低，影响生产。动态缓冲管理示意图及案例如图8-2和图8-3所示。

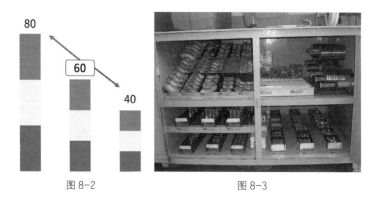

图8-2　　　　　　　　图8-3

成品库存同样可以使用动态缓冲管理方法管控最高库存量和生产计划，其监控周期为一个生产周期。

根据原辅料在采购周期内的平均消耗量和成品在生产周期内的平均发货量评估最高库存量，最高库存量设置为原辅料的平均消耗量或成品的平均发货量的2倍较为合适。

例如,某产品的原辅料连续 5 个采购周期内的平均消耗量为 100 件,最高库存量可以设置为 200 件;某产品连续 5 个生产周期内的平均发货量为 200 件,最高库存量可以设置为 400 件。

8.1.3 等待浪费识别与改善

等待浪费指人、机、料之间的不同步导致的无意义等待。

▽ 1. 局部效率 ≠ 整体效率

某产品需要经过 A、B、C、D 四大工序加工成成品,各工序每日产能分别为 20 件、18 件、15 件、23 件,在这种情况下,非瓶颈工序 A 或 B 每日产出超过 15 件时,每日入库产品数量并不会超过 15 件,因为该生产系统的产能取决于其瓶颈工序 C 的产能。改善等待浪费,**要重点关注瓶颈工序的等待浪费,让瓶颈工序不停产**。

▽ 2. 等待浪费的表现

等待浪费表现为人员、设备、物料之间的等待,例如,人等待物料或设备;设备等待人或物料;物料等待人或设备。

(1)物料问题导致的等待浪费

①物料未按时采购或配送到位,导致人员或设备等待。

②物料不齐套,导致人员或设备等待。

③物料不合格,重复配送或采购,导致人员或设备等待。

(2)设备问题导致的等待浪费

①设备故障,维修不及时,导致人员或物料等待。

②设备换型时间长,导致人员或物料等待。

(3)人员问题导致的等待浪费

①员工操作不熟练,导致物料或设备等待。

②产品质量不合格，需要返工，员工查找问题，导致物料或设备等待。

③生产线平衡率低，导致部分物料或设备等待。

④人、机配比不合理，导致部分物料或设备等待。

▽ 3. 等待浪费的不良效应

①产能下降。

②生产周期加长。

③作业不均衡，员工工作量有差别，影响士气。

④在产品库存积压。

▽ 4. 等待浪费的改善

①在瓶颈工序前设置库存空间，避免前道工序异常停机使物料短缺导致等待浪费。

②加强瓶颈工序设备的维护的培养、保养，降低设备故障率，避免设备故障停机导致等待浪费。

③加强瓶颈工序多技能工的培养，避免相关人员请假或异常离岗导致等待浪费。

④提高生产线平衡率。

8.1.4 搬运浪费识别与改善

搬运浪费指为完成某项作业产生的无效的物料或产品的搬运和移动。客户不会为货物反复搬运而付费，除非他们购买的服务就是搬运。

①**工厂布局不合理导致搬运浪费**。例如，前后工序分离、路线迂回、曲折、混杂、孤岛作业。

某企业监控设备组装车间是按照功能划分工作区域的，没有考虑工艺流程和物料流动性，导致生产过程中有大量的在制品库存浪费、搬运浪费及等待浪费。该企业监控设备组装车间的布局及工艺流程见图 8-4。

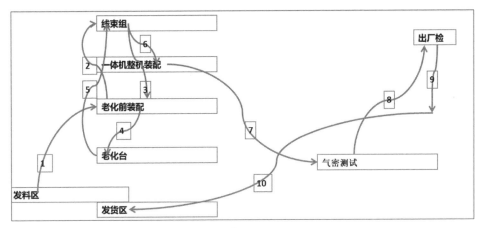

图 8-4

根据产品的工艺流程和订单特点构建流动化单元生产线，让产品从第一道工序到最后一道工序顺畅流转，能够减少搬运浪费、库存浪费和等待浪费，缩短生产周期。

②物料定位不合理导致搬运浪费。例如，板材周转托盘的定位距离下料机较远，导致员工频繁搬运物料。物料定位不合理导致搬运浪费的案例如图 8-5 所示。

图 8-5

③搬运方式或工具不合理导致搬运浪费。例如，车间物料都用行车周转，不仅周转效率低，存在安全隐患，而且当多个物料需要同时周转时，会出现等待浪费。搬运方式或工具不合理导致搬运浪费的案例如图 8-6 所示。

图 8-6

不重的物料可以使用周转车或者电动叉车周转,提高搬运效率。

④**物品摆放杂乱无章导致搬运浪费**。工作区域内的物料、工具等物品摆放杂乱无章,没有明确的位置,导致员工经常花费时间寻找、搬运物品,造成搬运浪费。

⑤**过量生产导致搬运浪费**。过量生产导致过多的半成品或成品在生产现场堆积,需要频繁地搬运、移动,造成搬运浪费。

8.1.5 动作浪费识别与改善

▽ 1. 动作浪费的表现

动作浪费指生产过程中不必要的动作、姿势或动作的重复。动作浪费会导致时间浪费和劳动力浪费。

①工作台设计不符合人机工程学——工作台过矮,员工需要弯腰作业,如图 8-7 所示。

②物料定位不合理——物料定位放置在员工身后,员工需要频繁转身取放,如图 8-8 所示。

③工具未做整理改善与整顿改善——堆放杂乱,员工使用时需要寻找,如图 8-9 所示。

图 8-7

图 8-8

图 8-9

举个例子，马桶水箱按钮杆在包装前需要员工手搓调节尺寸，而消费者购买马桶后，安装工人需要根据实际情况再次调节其尺寸，因此，包装前调节尺寸是不必要的工作步骤，属于动作浪费，可以取消。因缺少合适的工具而手动重复作业也属于动作浪费，且效率非常低。动作浪费案例如图8-10和图8-11所示。

图 8-10

图 8-11

▽ 2. 动作浪费的改善

①根据人机工程学改善工作台，让员工工作得更加舒适，减少弯腰、走动、寻找等动作浪费。

②通过整理、整顿改善，方便员工拿取物品，减少寻找、转身、走动等动作浪费。

③通过工装治具、工具优化，减少员工作业过程中的重复动作浪费。

④通过作业流程标准化，减少员工作业过程中的无效动作浪费。

8.1.6 过度加工浪费识别与改善

1. 过度加工浪费的表现

过度加工浪费指生产过程中对产品进行的超出客户需求或规格要求的加工或处理。对客户来说，过度加工是没有附加价值的加工，会造成不必要的成本浪费和资源浪费，具体表现如下。

①不理解客户真正的价值需求，造成技术过剩。例如，为汽车添加更多的装饰件，会增加成本，但对大多数客户来说，并不会增加产品的实际价值。

②不清楚技术、工艺或质量要求，造成过度处理。例如，过多的清洗、打磨、清除毛刺。

③过度设计。例如，部分微波炉拥有非常多的功能，包括加热、蒸、烤、解冻、杀菌等，但是大多数消费者只需要基本的加热功能，其他功能使用得非常少，甚至根本没有使用过。过多的功能会增加制造成本，且使产品更难使用和维护。

④过度精密加工。例如，对智能手机来说，如果芯片的加工精度远超实际需要，会增加芯片加工成本，但并不会提高手机的性能或延长手机的使用寿命。

⑤过度检验。例如，检验员在食品加工过程中对各产品进行多次检验，以确保产品质量——反复对合格产品进行检验，并无法提供额外的质量保证。

⑥过度保护。例如，使用多层泡沫塑料包裹易碎产品，并放在特制的箱子中运输，以减少损坏的风险——保护措施过多，会增加包装成本和运输成本，而部分产品实际上并不需要如此多的保护。

2. 过度加工浪费的不良效应

①材料成本增加。

②人工成本增加。

③对员工的技能要求提高，大材小用情况严重。

④合格标准提高，不达标准的不良率增加。

3. 过度加工浪费的改善

①精准把握客户需求，始终以客户价值为生产导向，避免自以为是地作业。

②使用取消、合并、简化或重排的方法优化现有工序，去除不必要的加工步骤，减少加工时间，同时降低能源消耗和物料浪费。

③制定并贯彻标准作业流程，确保各工序按照既定标准进行，去除不必要的动作。

④定期审查作业内容和工艺方法，识别并去除不增值的加工环节，同时加强对操作者的培训，提高其对工艺的理解程度和作业能力。

⑤在产品设计阶段充分考虑加工的合理性和经济性，避免设计出需要过度加工的产品。

⑥引入先进的加工技术和设备，提高加工效率和精度，压缩加工时间，降低加工成本。

8.1.7 不良生产浪费识别与改善

▽ 1. 不良生产浪费的不良效应

生产出不合格产品，造成材料浪费、机器浪费、人工浪费，产生客诉。

▽ 2. 不良生产浪费的产生原因

①各工序的标准化操作程序欠缺或者疏于执行。

②员工培训不到位，人员技能欠缺。

③质量控制点及控制参数设定错位或不准确。

④员工对质量的标准尺度把握不准确。

⑤检查方法不合理、检验量具不完备。

⑥工装、夹具、模具等不合格。

▽ 3. 不良生产浪费的改善

①自动化、标准化作业。

②完善缺陷预防机制、安装防错装置。

③明确不生产、不传递、不接收不良品的规则。

④建立自检、互检、巡检、专检体系。

⑤加强 4M 变更管理。

⑥加强供应商来料质量管理。

5S 管理与七大浪费互为镜子——5S 管理做不好的根源可能是存在七大浪费，七大浪费产生的原因可能是 5S 管理没做好。

8.2 Kaizen，打造"持续改善"企业文化

Kaizen 意为"持续改善"，强调通过持续改善实现长期发展。Kaizen 不仅是一种方法，也是精益企业文化的一个核心内容——鼓励全体员工在日常工作中发现问题并提出改善方案，从而不断地改进工作方法、提高工作效率。

8.2.1 Kaizen——精益企业必不可少的企业文化

企业最大的财富是企业的员工，以人为本是改善的中心出发点。

员工不仅是企业生产的执行者，还是企业发展的推动者。员工的知识、技能、经验和创造力是企业最宝贵的财富。员工的工作态度、团队合作精神直接影响着企业的绩效和发展。

以人为本是在强调员工的价值和权益，在 5S 管理中，企业应鼓励员工积极参与决策，尊重员工的意见和建议，共同探讨解决问题的方法。借力员工的参与和协作，推动企业的持续改进，实现员工和企业共同发展，这是最好的发展状态。

▽ 1. 改善是全体员工的事，一线员工是真正的专家

改善活动需要全员参与，一线员工对工作流程和操作细节最为熟悉，这使得他们成为改善活动中真正的专家，能够为问题的解决提供最具实践价值的建议。

因此，企业应该重视一线员工的参与和贡献，在改善活动中给予他们充分的发言权和决策权。鼓励员工提出改进建议、参与问题解决、分享经验等，能够激发员工的积极性，推动企业持续改进。

▽ 2. 细小之处的改善，可以积土成山

改善，不一定是大刀阔斧地改，可以在日常工作中寻找、解决细微的问题，优化工作流程和操作细节。这些细小之处的改善看似微不足道，但累积的能量是巨大的。

改善是持续不断的过程，而非一次性事件。通过持续不断地寻找、解决问题，每一次微小的变化都可以为企业带来积极的影响。尽管每次变化看起来影响有限，但随着时间的推移，效果会逐步显现。通过持续不断地改善，企业可以不断提升生产效率、降低生产成本、提高产品质量，从而实现长期发展、积累竞争优势。

▽ 3. 改善活动的核心是转变固有观念

改善活动的核心是转变员工的思维方式和固有观念，而非单纯的技术更新。从"照旧做事"到"主动求变"，鼓励员工不断地挑战现状、发现问题、提出解决方案，能够推动企业的持续发展。

8.2.2 Kaizen 的本质——先用脑袋，再用钱袋

改善活动的第一步是思考、分析，需要员工集思广益，发现问题、分析原因，并提出切实可行的解决方案。先确定改善方案，再考虑是否投入资金。改善并不一定需要大笔资金的投入，有时可以通过改变工作方式、优化工作流程、提高员工的技能水平实现。

Kaizen 鼓励的是寻找创新的改善方法，而不是依赖于资金投入。通过思考、创新和节约成本，可以实现持续改善，提高企业的竞争力和发展潜力。

▽ 1. 改善的理念

①打破固有观念，发现问题。
②多问"为什么"，寻找真正的原因。
③放下一切借口，寻求解决方法。
④先完成，再完美；少空谈，多实干。
⑤关注团队合作，合力进行改善。

▽ 2. 改善的思想

①改善没有完美——没有最好，只有更好。
②改善永无止境——总有值得改善的地方。
③改善允许失败——不断积累改善经验。

PDCA 循环（Plan-Do-Check-Act）、5W1H 分析法（Who, What, When, Where, Why, How）等，都是久经考验的改善工具和方法，使用这些工具和方法，企业可以更好地实施改善，确保改善卓有成效。

8.2.3 Kaizen 的实践——提案改善

提案改善是 Kaizen 的具体实践方法之一——员工根据自己的工作经验和在工作中的观察，提出各种改善建议或解决问题的方案，促使企业持续改善。Kaizen 为员工提案提供了一个框架和方法论，能帮助员工更系统地分析问题、制订方案。

提案改善范围：从生产五大要素和六大指标入手，关注人、机、料、法、环，以及产量、质量、成本、交期、士气、安全等方面的提升、优化。具体体现在现场 5S 改善、七大浪费消除、人机工程学优化、工作流程简化等方面。

非提案改善事项：突发想法、个人的不满、重复的提案、领导的指示、部门的课题、会议上已经公开的内容、经营计划上已反映的内容等。

提案改善具体操作流程如下。

▽ 1. 改善提案申报

员工以积极的心态，向相关组织或人员以书面形式提出区别于目前实际情况或相对于实际情况有不同程度的改进、提高的切实可行的见解和想法（金点子）。提案改善申报书模板见表 8-1。

表 8-1 提案改善申报书模板

提案改善申报书
一、提案类别 □效率提升　□质量改善　□成本管控　□设备管理　□EHS 管理 □工艺改进　□员工管理　□团队合作　□其他
二、简述提案内容，说明现状问题及改善的具体意见（最好有可衡量的贡献及影响） 现状描述： 改善措施： 效果预估：

续表

三、附件（非必填）
如有支持分析的数据、图表等资料，请作为提案的附件提交，以备审核
提案人姓名：　　　　　　　　日期：
备注：如为集体提案，请集体提案的代表人员签字，该提案改善申报书涉及的人员可用附件登记附后
评估结果：□A类（采纳并实施）　□B类（采纳但暂时不予实施）　□C类（不予采纳） 原因描述： 落实部门：

▽ 2. 提案评估审核

员工提交提案改善申报书后，由其直属上级领导评估是否采纳并实施。对于采纳并实施的提案，明确落实部门和相关负责人；对于不予采纳的提案，说明原因并及时回复，避免出现"石沉大海，没有下文和回音"的情况。

▽ 3. 提案改善实施

各部门将评估后的提案改善申报书发给精益办后，由精益专员负责跟进提案的改善进度和实施效果。改善过程中，如果需要其他部门协助，由改善团队负责人负责协调。完成改善后，由改善团队负责人负责将改善内容整理成提案改善案例，提交至精益办。提案改善案例模板见表8-2。

表8-2　提案改善案例模板

提案名称：		
改善区域：	改善人员：	改善时间：
现状描述：		
改善措施：		
（改善前照片或视频）		（改善后照片或视频）
改善效果及收益：		

▽ 4. 改善效果验证

改善效果包括无形效果和有形效果。

①无形效果指改善后难以用货币衡量的经济效果。例如，清除了环境污染、提高了劳动力素质、减轻了劳动负担、提高了员工的改善意识或节约意识。

②有形效果指改善后能用货币衡量的经济效果，一般以年为衡量单位。例如，能源（水、电、气）节减、材料费节减、人工费节减、生产效率提高、消耗修缮费（配件、备件、劳保、办公用品、修理等费用）节减、一般经费（业务招待费用、办公费用等）节减、物流费用（车辆使用费、运输费、装卸费等）节减。

▽ 5. 提案改善评价及奖励

精益专员每月月底汇总登记各部门送交的提案，整理改善提案统计表，见表8-3。

表8-3 改善提案统计表

部门	提案人员	改善日期	提案名	改善人员	采纳 是	采纳 否	实施 是	实施 否	年收益（元）
注塑车间	张三	20240304	硅胶成本节减改善	李四	√		√		30000
……	……	……	……	……	√		√		……

精益专员负责定期组织评审小组和改善团队对改善提案进行评价，评审小组由各部门负责人和员工代表组成，最少8人。提案改善团队代表负责汇报提案内容及改善效果，评审小组应及时对提案进行等级评定。改善提案评价参考标准见表8-4。

表8-4 改善提案评价参考标准

评价项目	评价标准（参考）	等级分（分）
有形效果（30分）	① 20万及以上	30
	② 15万~不足20万（每增加1.0万加1分）	25~29
	③ 10万~不足15万（每增加1.0万加1分）	20~24
	④ 5万~不足10万（每增加1.0万加1分）	15~19
	⑤ 1万~不足5万（每增加1.0万加1分）	10~14
	⑥ 不足1万（以0.1万为单位计分）	1~9

续表

评价项目	评价标准（参考）		等级分（分）
无形效果（10分）	①安全性、劳动强度、环境或对外形象的改善效果明显		8～10
	②以上任意一项改善效果一般		3～7
	③以上任意一项有改善效果		1～2
波及效果（15分）	①可以在企业内推广使用		11～15
	②可以在本部门/车间/科室内推广使用		7～10
	③只适用于本班组使用		1～6
独创性（15分）	独立性（5分）	①集体提案	3～5
		②个人提案	1～2
	创造性（10分）	①独创的、前所未有的	8～10
		②有完整计划的改善（对策）	4～7
		③单纯的模仿改善	2～3
		④一般业务	1
活动评价（30分）	①活动难度极大		6～10
	②活动难度一般		1～5
	①付出了极大的努力		3～5
	②付出了基本努力		1～2
	①改善效果长期有效		3～5
	②改善效果短期有效		1～2
	①自己实施		6～10
	②借力其他部门实施		1～5
备注：有形效果为以年为单位的预计金额，12月/年			

评审结束后，由精益办对提案评审结果进行公示，公示3天，如无异议，按最终结果进行奖励。改善提案奖励参考标准见表8-5。

表8-5 改善提案奖励参考标准

等级	等级分	奖励金额	备注
一等	>95	5000元	①等级分由各部门负责人根据改善提案评价标准确定 ②等级分指各提案所得分数 ③各等级奖励金额由企业高层确定
二等	95～90	3000元	
三等	89～80	1000元	
四等	79～70	500元	
五等	69～50	300元	
六等	49～30	100元	
七等	<30	50元	

为了避免有人提,没人改善,提案的有奖励,实施改善的也要有奖励。有些提案虽未最终实施,但员工是认真思考过的,要适当给予奖励,保护员工的提案积极性,避免提案越来越少,最后没人提案。

企业可以月、季度、半年、一年为节点,分别对提案数量最多的个人或团队、提案改善效果及收益最大的个人或团队给予奖励。

提案改善是企业管理中的重要改善机制之一,通过员工的积极参与,实现企业的持续改善,提高企业的竞争力和发展潜力。

提案改善,使用班组管理看板落地。

班组长带领一线员工做提案改善,解决一线员工无法解决的问题;车间主任带领班组长做课题改善,解决班组长无法解决的问题;生产厂长带领车间主任做项目改善,解决车间主任无法解决的问题。落实提案改善、课题改善、项目改善,能够全面、系统地解决生产过程中的问题。

在解决问题的过程中,要充分调动员工的参与积极性,让员工乐于分享解决问题的思路和工作中的经验、技巧。改善完成后,要给予改善团队成员相应的积分、奖励和宣传,提高员工的荣誉感,使员工乐于再次参与改善活动。

只有为员工提供反馈问题、解决问题的渠道,员工才愿意参与提案改善。使用现场管理看板,能让员工参与识别生产过程中的不合理事项,提高员工发现问题的能力。现场管理看板如图 8-12 所示。

图 8-12

8.3 一页纸培训，高效提升员工素养

随着市场竞争加剧，客户的要求不断提高，企业必须随之提高管理者的管理能力和一线员工的操作能力。但是，大部分员工因工作繁忙，没有时间参加系统培训，即使参加培训，也有很多无法忽视的客观障碍——传统的课堂培训方式重理论，轻实践，员工间的知识和经验共享程度较低；员工的岗位和学习能力存在差异，培训效果并不理想。因此，培训内容必须简单易懂，培训时间不能太长，要让员工快速学习并应用于工作。与此同时，培训要贯穿于日常工作，持续进行，充分调动员工的精进积极性，促进知识、经验和技能的共享。

对应以上需求，出现了一种在工作过程中进行的集中式的非脱产培训方式——One Point Lesson，简称 OPL，又叫一页纸培训。一页纸培训是非常高效的培训方法，来自实际工作，针对性强；篇幅短小精悍，内容简单易懂，适合短时间的培训和学习；教材制作简单，适合各层次的员工使用；培训内容贴近实际工作，方便员工日常查阅、学习，利于经验分享和学习交流。

8.3.1 一页纸培训的基本情况

一页纸培训通常由员工自己编写培训教材，将工作经验、心得体会、作业技巧、改善案例、问题处理方法等整理在一页纸上，通过互相讲授、张贴传阅等方式进行学习，一次集中学习5~10分钟，通过多次非脱产学习（培训），提高作业能力。一页纸培训教材模板见表8-6。

表8-6　一页纸培训教材模板

Logo+ 企业名	一点课 One Point Lisson		NO.
主题		制作日期	
适用范围		部门	
类别	□基础知识　□职业防护　□安全操作　□环境保护　□效率提升　□操作技巧　□维修技巧　□质量提升　□降低成本　□其他		

续表

	如有，请附图表或图片补充描述：
培训目的： 培训要点：	

制作人	审核人	部门负责人	参训人员

▽ 1. 明确培训主题

①培训主题应该清晰明了，能够准确概括培训内容、待解决的问题，不要表述模糊。

②培训主题不要过于笼统，应该尽量具体，限定培训范围，让培训更有针对性。

③主题要与培训内容密切相关，激发员工的学习兴趣。

举个例子，某一页纸培训的培训主题为"料斗焊接重复工序"，并未准确表述待解决的问题。根据培训内容分析出该培训旨在提高员工的焊接能力和产品的合格率，避免因生产不良品造成返工浪费后，可将该一页纸培训的培训主题改为"提高员工焊接能力"。

▽ 2. 明确参训人员

一页纸培训的首要目标是教会某个特定群体某个知识点，因此参训人员要明确，确保主题集中。

8.3.2 一页纸培训的教材编写及审核

编写一页纸培训的教材，最重要的是明确培训的主要内容，必要时可以附图表或图片，帮助学习、理解。

培训目的：说明通过本次培训要实现的目标。例如，提高生产效率、降低错误率、掌握安全操作技巧。

培训要点：确保培训内容不偏离培训主题；简明扼要地表述培训内容，尽量避免使用过于专业或复杂的术语，确保内容易于理解；重点突出培训关键点、关键步骤，按照逻辑顺序编排，避免信息混乱或者跳跃，确保员工能够快速掌握重要知识点；必要时使用图表、图片帮助员工理解培训内容。

举个例子，某一页纸培训的培训目的为"减少不良生产浪费导致的重复工作，提高产品质量"，培训要点为"每周做产品焊接标准的相关培训；对焊接技巧进行分享"。教材实例见表8-7。

表8-7 教材实例

（Logo+企业名）	一点课 One Point Lisson		NO.	01
主题	提高员工焊接能力	制作日期		20240220
适用范围	滚筒焊接工	部门		焊接车间
类别	☐基础知识 ☐职业防护 ☐安全操作 ☐环境保护 ☐效率提升 ■操作技巧 ☐维修技巧 ■质量提升 ☐降低成本 ☐其他			
培训目的：减少不良生产浪费导致的重复工作，提高产品质量 培训要点：每周做产品焊接标准的相关培训；对焊接技巧进行分享				
制作人	审核人	部门负责人	参训人员	
张三	李四	王五	赵一、钱二、孙三	

通过分析可以看出，"减少不良生产浪费导致的重复工作"是预期结果，该培训的主题是提高员工焊接能力，培训目的应该与主题一致，比如改为"提高员工焊接能力，降低产品不良率，从而减少不良生产浪费"。

注意，"要点"不是"要求"。该实例中的培训要点是在说明员工为了提高焊接能力应该做哪些事，而不是具体的问题解决方法。培训要点应该与培训目的一致，改为焊接工序的注意事项或者具体的操作方法、操作技巧。

教材审核：培训教材编写完成后，由班组长初步审核，由部门负责人审批确认。

8.3.3 一页纸培训的时机与方式

①**培训时间**：利用交接班、班前或班后会、团队会议或活动、短暂停产、设备保养、大规模停产等时间进行 5～10 分钟的培训、学习。

②**培训地点**：不限。

③**培训对象**：班组全体人员。

④**培训讲师**：班组全体人员。初期由主管、组长进行培训，逐步将员工培养成讲师，打造知识型工作团队。

⑤**学习方式**：可以由教材编制人员面对面地向学习者讲解、传授，将培训内容分解成层层递进的步骤，逐步演示，帮助学习者逐一应用到实际操作中。也可以由员工根据工作需要自行查阅相关教材，以自学为主。

⑥**效果检验**：班组长或部门主管应在员工接受培训后不定时抽查参训人员相关知识和技能的掌握情况、应用效果。

⑦**教材管理**：各部门应及时根据培训时间、培训类别、参训人员等将培训文档整理成电子文档。一页纸培训真正显现效果时，应视其效果及重要级别、培训主题，依据相关程序把培训重点纳入管理文件，如受控文件、可视化文件。

组织开展一页纸培训，能够锻炼和提升全员编写教材、上台演讲的能力，为企业选拔内部培训讲师奠定基础；能够开拓培训渠道，在工作现场完成培训与学习，优化教材的理解和吸收效果；能够帮助新员工尽快掌握业务技巧、老员工有效提高业务能力、调换岗位的员工顺利适应新岗位；能够持续、系统地更新岗位教育内容，培养多技能人才，提升技能档次。

8.4 积分管理，持续激发员工参与现场管理的热情

有些企业刚开始推行积分管理时，员工的参与度和积极性都很高，用积分兑换奖品时的效果和氛围非常好，但随着时间的推移，很多企业的员工的参与度和积极性逐渐下降，甚至让积分管理变成了一种形式上的存在，没有实际效果。

为什么呢？刚开始的轰轰烈烈很可能是因为员工对新鲜事物有足够的好奇心，且领导在高度关注，若奖品吸引力不足且好奇心已基本被满足，员工的热情会逐渐消退；若领导给予的关注逐渐减少，员工的积极性会逐渐降低。

8.4.1 积分的结构、规则及奖励方式

面对前文提到的积分管理逐渐形式化的情况，企业应及时优化积分结构、积分规则，以及奖励方式，让持续、高效运转的积分机制不断调动员工的积极性，提高员工的参与度。

▽ **1. 积分结构**

以终为始，督促员工积极参与现场管理。

积分结构，可参考以下4个方面进行搭建。

①现场5S维持标准的执行情况。

②提案改善的质量和数量。

③现场5S评比得分和排名。

④问题的改善完成率。

如果觉得4个方面太复杂，可以根据企业的实际情况进行删减。如果想将日常管理纳入积分管理，可以适当增加积分点，如考勤情况、培训合格率。

▽ **2. 积分规则**

个人积分和团队积分结合，相互监督、激励。

如果只有个人积分，没有团队积分，当不愿意参与积分管理的人较多时，现场管理水平会下降。如果有团队积分，且个人表现影响团队积分时班组长和团队成员都会得到奖励或惩罚，做得好的团队成员和班组长会积极、主动地监督表现差的团队成员，现场管理效果会更有保障。

▽ 3. 奖励方式

及时奖励与阶梯奖励结合，满足员工的成就感和满足感。

玩游戏为什么会上瘾？因为游戏会给予玩家即时奖励。例如，打败一个小怪物就获得一些金币或道具，或者通过一个关卡就获得一些装备或特殊技能。这种即时奖励会让玩家有愉悦感、满足感和成就感，让玩家感觉到自己在游戏中取得了成就，渴望获得更多奖励，进而沉迷于游戏。

游戏通常会设置多个难度级别或成就等级，根据玩家的表现给予不同档次的奖励。例如，打败一个小怪物能获得铜币，打败一个大怪物能获得更为丰厚的装备或虚拟货币。这种阶梯奖励能让玩家体验到游戏内不同层次的挑战和成就，激发玩家不断挑战自我的欲望，努力达到更高的级别或成就。与此同时，这种奖励设置能让玩家感觉游戏有足够的深度和挑战性，推动玩家长期投入游戏。

积分奖励机制要模仿游戏奖励机制设置，兑换奖品要及时，让员工立即获得奖励，渴望获得更多的积分，从而提高员工的参与度和积极性。

建议企业准备不同档次的奖品，让员工可以根据表现获得不同程度的激励。例如，低档次的奖品是千元以内的日常用品，中档次的奖品是万元以内的家用电器，高档次的奖品是 10 万元以内的家装套餐。此外，可以准备一个终极奖品，例如，10 万元以上的汽车或者其他高价值奖品，虽然大多数员工无法获得，但可以让大家更有参与动力。

8.4.2 现场 5S 维持的积分点

现场 5S 维持的积分点包括自我检查和相互检查两部分。

①自我检查：由部门或车间的领导对下级员工进行检查。例如，由班组长在上班时间对班组成员各岗位的现场 5S 维持情况进行检查。

②**相互检查**：交接班时，由上岗人员对下班人员的岗位现场 5S 维持情况进行检查，包括工具是否归位、卫生是否打扫干净等，确保各岗位的现场 5S 维持情况良好。

检查频率为每班 1 次，现场 5S 维持全部符合标准的岗位加 1 分，有一项或多项不符合标准的岗位扣 1 分。例如，某个工具没有及时归位算一项不符合标准，扣 1 分。

相互检查时，各岗位现场 5S 维持标准加分比例超过 80%，可集体加 1 分；加分比例低于 50%，班组长扣 1 分，因为作为管理者，班组长要对现场 5S 维持负首要责任。制定这种加减分规则，是为了加强班组长对现场 5S 维持的监督管理力度。

为了防止相互检查时串通、作弊，发现问题时只处罚当班人员，与上一班次人员无关。如果确实是上一班次人员的问题，也只处罚当班人员，因为是当班人员疏于检查，未及时发现问题。这样处罚，可以非常清晰地界定责任范围，防止推诿扯皮和串通、作弊。

8.4.3 现场 5S 评比的积分点

现场 5S 评比的积分主要包括个人得分和排名得分。

现场 5S 维持检查是部门内部的积分管理，现场 5S 评比是企业级的积分管理，两者并不冲突。

现场 5S 评比可设置为每半个月 1 次。现场 5S 评比过程中，全部符合标准的岗位加 3 分，有一项或多项不符合标准的岗位扣 1 分。

评比单位的评比得分大于 85 分，表示整体表现良好，每人加 3 分；评比得分低于 70 分，表示整体表现不佳，每人扣 2 分。

评比得分前三名的评比单位的员工应分别获得加分，例如，第一名加 10 分、第二名加 6 分、第三名加 3 分；评比得分后三名的评比单位的班组长应受到扣分惩罚，例如，倒数第一名的班组长扣 10 分、倒数第二名的班组长扣 6 分、倒数第三名的班组长扣 3 分（当倒数第一名的得分高于 85 分时，不予扣分）。

8.4.4 问题改善率及提案改善的积分点

问题改善率积分主要由前一个月各部门的问题改善率决定。

评比可设置为每月 1 次，问题改善率大于 90%，每个人加 3 分；问题改善率低于 60%，管理者扣 3 分。

提案改善的积分主要由提案数量和评比得分决定。

提案改善评比可设置为每月 1 次，根据提案改善的评比得分划分一般提案和重点提案，一般提案一项加 5 分，重点提案一项加 20 分。

上述所有积分设置是为了举例说明，在实际工作中设置积分的时候，要根据积分内容和规则明确每个人一年的最高得分是多少分，根据最高分数设置各分数段的奖品金额和数量。

例如，1～2 个员工能拿得到终极大奖，1%～10% 的员工能拿到高档次奖品，20%～30% 的员工能拿到中档次奖品，30%～60% 的员工能拿到低档次奖品。